湛庐

与最聪明的人共同进化

HERE COMES EVERYBODY

CHEERS

CHEERS
湛庐

听，
被低估的
学习之道

LISTEN
WISE

[美] 莫妮卡·布雷迪–迈罗夫 著
Monica Brady-Myerov
林文韵 杨田田 译

浙江教育出版社·杭州

你对通过听提升学习的方法了解多少？

测一测

扫码加入书架
领取阅读激励

- 一个人听的能力从出生就被决定了，这个说法对吗？
    A. 对
    B. 不对

- 对于讲故事和听故事，以下哪种说法不正确？（单选题）
    A. 听故事是一种被动学习
    B. 听故事是一种全脑锻炼
    C. 听故事是人类的本能
    D. 讲故事是教学的最初形式

扫码获取
全部测试题及答案，
激活学习的听觉系统。

- 声音的确是具备视觉性的，因为我们在听的过程中可以创造视觉画面。这种说法对吗？
    A. 对
    B. 不对

扫描左侧二维码查看本书更多测试题

听是学习的关键手段

"我的学生不会听！"当从事教学的朋友们听说我曾经是美国国家公共广播电台（National Public Radio，NPR）的记者，并创办了一家专门培养"听"这项学习能力的教育科技公司的时候，他们大多数会发出这样的感慨。他们必须反复解释美国南北战争的起因；一遍又一遍地讲解数学概念；换着法子说明家庭作业的要求……在课堂上，他们要大声强调很多遍才能让学生注意听讲。学生不会听让教师头疼不已。

如果你像我一样，在教育会议上询问过上百位教师，你会发现，他们认为绝大多数学生都不知道如何听。而我在从公共广播电台记者转变为教育科技公司创始人的过程中领悟到：听是一项可以教授、练习和提升的能力。因此，我创建了 Listenwise 网站，通过音频来提高学生在基础教育阶段（K-12）的听的能力。

本书为培养听的能力建立了一套系统的学习方案。我们建议读者按照本书的编排形式从头读到尾，以便全面地了解听的学习方法。不过，你也可以依照自己的兴趣，直接跳到比如"这样听成为外语高手"或"这样听促进阅读理解"等章节进行阅读。本书的架构是以相关的学术研究和我做记者的经验为基础设计的。因为据我所知，许多人并不知道优秀的听的能力有助于提升整体学业成绩，也不知道这一能力可教且当教。我创立教育科技公司，将自己的职业生涯转入这个领域，就是为了帮助人们提升听的能力。

在第 1 章"发现听的学习密码"中，我分享了自己从事记者工作的经历，这段经历激发了我对声音信息的热爱，这份热爱促使我产生了帮助人们通过听来学习的愿望。

在第 2 章"听的能力影响一生"中，我揭示了听是一项可以教授、练习和提升的能力。听的能力对于一个人在大学、职场和生活中获得成功至关重要。美国 50 个州的课程标准中都将听力作为评估 K-12 学生能力的一项重要指标。许多州都采用了《共同核心州立标准》(*Common Core State Standards*，*CCSS*)，要求教师将听力教学纳入课程内容。

第 3 章"听的大脑机制"指出，听的过程是进行一个复杂的神经建构，涉及大脑的多个区域。相比其他很多能力，听对大脑有更高的要求。你将从神经科学家、认知科学家以及传播心理学专家的最新研究成果中获得启发。"听到声音"并不是听的全部，却是其关键组成部分。有神经科学家认为，"声音是最常见和最有力的情感刺激之一"。[1] 听会触发大脑的多重区域，在脑海中创造出一部部栩栩如生的"电影"。

从事教学的读者可以仔细阅读第 4 章"这样听提升学习能力"。我在这一章分享了一些行之有效的听力学习策略。无论你是想借用听力策略提升学生阅读能力的三年级教师，还是想帮助学生提高听力以适应职场的十一年级教师，你都会在本章找到实用的方法。

　　或许你不是专门教阅读的教师，之前也没有考虑过听与阅读的关系，但第 5 章可能会改变你的想法。在"这样听促进阅读理解"这一章里，你将了解到为什么我认为听是读写能力提升中被低估的一环。虽然近年来针对学生的阅读教学涌现出了许多新的方法和技术，但美国四年级和八年级学生的平均阅读分数却停滞不前。听和阅读之间存在着相互依赖的关系，一般来说，阅读能力差的人也极有可能是一个糟糕的听者。听是教会学生如何阅读的基础，但到了初中阶段，训练听的相关课程几乎从课堂上消失了。而在第 5 章中，你将了解到在任何年级的课堂上开展听的训练，都有助于学生提升阅读水平。

　　听也是学习新语言的一项极其重要的能力。第 6 章"这样听成为外语高手"探讨了听力对外语学习的重要性。在美国，很多教师的课堂里都有来自非英语国家的英语学习者，每位教师都需要懂得如何帮助这些学习者，使他们通过提高听的能力来学习语言、获得知识。我将在本章分享为英语学习者提供差异化教学的方法。

　　第 7 章"如何评估听的能力"是我和 MetaMetrics 公司的首席产品官阿利斯泰尔·范莫尔（Alistair Van Moere）共同撰写的。尽管人们平时会把大部分的时间都花在听这件事情上，但是针对如何追踪和评估听这一能力的研究却少之又少。这一章就是对此现状的讨论。一直以来，研究者对于听的能力的测评都依赖于被试的反馈报告。人们意识到听和阅读之间存在关联，但之前并没有找到可靠的方法来分析和评估听的能力。本章将介绍如何依托新的蓝思听力测评体系（Lexile® Framework for Listening）评估听的能力。

　　一旦你学会了如何提升听的能力，你就可以尝试创建自己的播客了。第 8 章"通过制作播客提升听的能力"分享了切实可行的工具，让你在教育领域最热门的播客行业中占据主导地位。本章还分享了制作播客的专业建议，让你在为听众创作音频的同时，也让自己的听的能力得到锻炼。

本书着重介绍了提升听的能力所需的系统方法，也列举了具体案例和实用工具。虽然积极倾听是重要的社交能力，但本书的重点是以学习为目的进行倾听，这也是我的专长所在。本书将给予你一套系统的方案，教你运用音频资源来促进阅读，学习知识和语言。

我们所处的时代为提高听的能力提供了最佳机遇与挑战。许多人担心，技术的发展严重分散了我们的注意力，缩短了我们的注意力持续时间。你可能认为听是一门失传的技艺，觉得如今没有人懂得如何听。但我认为，听是学习中最基础也是最关键的能力，你可以通过专业技巧成为优秀的听者。

第 1 章

发现听的学习密码

Listen
Wise

我们在出生前就能听到声音，但我们的听力可能需要几十年的时间来发展、练习和完善。我花了 20 年时间才成为一个听力专家，或者说职业听力研究者。我也是在这个过程中了解到，听力技能其实是一份可以与他人分享的礼物。

我对听的热情始于我得到第一部录音机的那个圣诞节（图 1–1）。

图1–1　我（左1）抱着我的第一部录音机

资料来源：Monica Brady-Myerov's family photo.

圣诞老人实现了我的圣诞愿望，给我送来一部大红色的磁带录音机。整个机器有着 20 世纪 70 年代典型的设计风格，周身闪亮、边缘光滑。录音机有一个便于携带的内嵌把手，可以拉起来，它给我的印象是音频设备就应当具备便携的特点；录音机内置了一个很便宜的麦克风，似乎在告诉我，我应当用它来收听和记录声音；录音机是用电池的，我可以带着它到任何我想去的地方捕捉声音。在我小时候收到的所有礼物中，我唯一能记得的就是它了。我一下子就爱上了录音。

我的录音范围一开始仅仅局限于我的家人，我会把我的姐妹们逼到墙角采访她们。有一次，我对两岁的妹妹做了一次正儿八经的调查采访，采访的主题是邻居家的狗。我完全把自己当成了一名记者。我当时的理想是成为像电视新闻节目《60 分钟》（*60 Minutes*）的传奇女记者芭芭拉·沃尔特斯（Barbara Walters）一样的人。我还会偷偷地把录音机放在餐桌下，"窃听"大人们的谈话。我在那个年纪已经懂得，通过"听"这种方法可以学到新知识、获得新信息，甚至学到大人不会告诉我的东西。如今，童年时期的录音磁带只剩一盘，我已经将其转化成数字音频文件保存了下来。

在我得到那个录音机的几年后，一次偶然的机会让我得以将自己对声音的热爱与新闻工作联系在一起。每年夏天，我们全家都会开长途车去马萨诸塞州探亲。父母带 5 个孩子上路，从肯塔基州开车到马萨诸塞州需要 14 个小时，无论对大人还是孩子来说都是极其无聊的。因为每次都是父亲开车，所以对他来说尤其无聊。

父亲喜欢听新闻，总是在整点的时候收听电台新闻节目。但当时几乎没有全天候播放新闻的电台，而且在开车穿过西弗吉尼亚州的山区时，收音机信号很差。这意味着在每小时的整点新闻之间有很长的空档时间，而他又想知道更多新闻，所以他带了《纽约时报》和《华尔街日报》，但他怎样才能边开车边获知报纸上的新闻呢?

父亲想了一个妙招。他对我们几个说,谁愿意在他开车的时候给他念报纸上的新闻,就奖励这个人坐在前排他和我母亲中间的位置。当时汽车的前排座椅是连通的,可以坐 3 个人。当然,这在今天看来很危险。我看到了逃离拥挤而混乱的后排的机会。我姐姐是个书虫,更喜欢一个人安安静静地读书。我是家里的老二,也是唯一自愿读新闻的孩子。

我坐在父母中间的座位上,大声地念着新闻。父亲会时不时瞥一眼报纸,用手指一指他想让我朗读的下一则新闻。我学会了如何跳读一则新闻报道,并带着一些趣味和情感去朗读。用我如今已经掌握的关于阅读和学习的专业技巧来审视这段早年的经历,我确信它对我的学习产生了巨大的影响。我的职业选择也因此受到影响——我很想成为一名广播新闻记者。

我也感受到,给任何年龄段的人读书都代表着爱和分享,是给予他人的一份礼物。听到另一个人通过声音,用他自己独特的方式来表达文字内容,会使人产生亲近感。比如,幼儿园老师可以在全班集体活动时间与小朋友们分享绘本,中学老师可以逐章为学生们朗读《哈利·波特》。

在我刚进大学时,我就知道自己想从事广播新闻工作,我对声音的热爱是刻进骨子里的。所以我自然而然地加入了布朗大学广播站的新闻部,这让我有机会获得成为一名记者所需的培训和实践,同时也给了我倾听和分享他人故事的正当理由。我把记者身份当作老师的角色,我想通过报道让听众了解到当天发生的新闻。

布朗大学的电台是一个由学生运营的商业性电台,这个地处罗得岛州普罗维登斯的电台新闻部不报道大学校园活动。我们报道地方和国家新闻,包括谋杀案审判、腐败问题和政治事件。我甚至做过预算,打算带领一个记者小组去报道 1988 年的共和党大会和民主党大会。

我从中学到的关于音频报道的真谛就是：听他人的故事能获得强大的力量。

有声故事中的情感力量

声音作为媒介最让我痴迷的地方在于它所展现的亲密性。听众可以直接听到讲话者的情绪，不管是愤怒、喜悦、担忧、绝望还是遗憾。每种情绪经由不同的人声传递，效果都迥然不同。你可以听出一个人在努力挣扎着不哭出来，然后他的声音开始变得嘶哑，转而失声恸哭；你可以听到一个人收到意外好消息时发出的声音中包含的震惊、宽慰和喜悦。请你想象一下，这些情绪听起来是什么样的。或者，你可以想象一下你母亲说一个你挚爱的亲戚去世了，或你最好的朋友告诉你她刚刚订婚了的场景。

听有声故事可以让我们充分投入故事中，因为听这些声音可以使感官更加敏锐。对于这一点你可能并不陌生。当你给孩子讲故事时，为了增加戏剧效果以制造悬念，你会带着表情、绘声绘色地讲出每一个字，看着他们张大嘴巴、脸上露出如痴如醉的表情。

而仅仅通过书面文字，很难让读者获得与音频听众同样的亲密感受。例如当我打出"叹息"两个字，你可以想象这是什么样的声音；但是，如果你听到一个人因为失去亲人悲痛不已，说"我会特别想念他"，然后发出一声长长的叹息，其中的情感是很难用书面文字充分体现的。事实上，某人通过声音表达的一个词的情感，很可能需要一整个段落的文字描述才能详细解释清楚。而这些文字永远不可能完全还原置身现场听到声音时的感觉。

我曾经在肯尼亚游学。那年夏天，我在内罗毕的路透社实习。作为一名实习生，我主要的工作是整理文件，将记者从现场发回的录音报道整理成文字。直到有一天，一生致力于为穷人服务的特蕾莎修女来到内罗毕，与市政府官员会面，请他们为她的慈善中心提供免费的市政用水。路透社派我去报道她对该市一个人口密集的贫困地区"仁爱之家"的访问。因为当时没有音频设备，我只带着笔记本就出发了。虽然我没有录下特蕾莎修女的声音，但我永远不会忘记她在嘈杂闹市中沉静、安详、舒缓的发言。她是一位身材娇小的女性，一如既往地穿着她白底蓝纹的修女服。她的身形并不能引起人们的注意，但她那笃定而有力的声音却能瞬间击中人的内心。

毕业后，我重新回到了肯尼亚的内罗毕，这次我的身份是一名广播新闻记者。这段经历是我开启用声音讲故事的生涯的起点。作为一名记者，去事发地才能获得现场音频。而当听众在听音频时，能迅速代入记者现场的感受，这使得音频报道很有力量。如果你是一名教师，你可以把这种力量用在你的课堂上。

音频记者的工作也使我能够非常近距离地接触大猩猩。我的驻地在内罗毕，我的报道范围是整个东非地区，其中包括坦桑尼亚、索马里和苏丹的部分地区。当时我的报道任务之一是在野外近距离观察大猩猩，用声音讲述它们的故事。在简·古道尔（Jane Goodall）从事野生黑猩猩研究的故事及影像的激励下，我开始在当地记录大猩猩的声音。

我记录了为期两天的徒步旅行，向导通过辨听声音和追踪痕迹，带领我们寻找大猩猩。每次看到树枝呈现出特定的踩踏痕迹时，向导都会示意我们安静，这样他就能听到我们都听不到的细微声音。徒步中我们必须保持安静，在发现银背大猩猩家族时，我们绝对不能让它们受惊，这一点非常重要。这些大猩猩的活动范围约为 30 平方千米，它们四处游荡寻找食物，可能出现在任何地方。

突然，向导打了一个手势，示意我们停下脚步不要动。在距离我们不到 6 米的地方，有一个大猩猩家庭在活动。我举起麦克风朝向它们，但我们离得不够近，除了一般的鸟叫声和森林环境中的声音外，无法捕捉到其他的声音。于是我悄悄地靠近。让我深感意外的是，这些大猩猩异常安静，除了偶尔发出像猪或马的哼哼声以外，它们都只是默默地啃食树枝。先前我还以为这次会捕捉到大猩猩在野外栖息地独特的声音，而当我发现期待的声音并没有那么明显的时候，我学到了关于广播新闻的重要一课。

音频报道中的文本与声音一样重要。在关于大猩猩的报道中，我用旁白来描述场景，解释它们保持沉默的原因，并对捕获的声音做了强化处理。在音频报道中，简单、直接的句子效果最好。好的音频文本应当是生动而简洁的。后来，我意识到，广播新闻的文本写作可以教学生如何运用声音素材、如何描写和如何转换视角叙述，等等。

那么视频呢？你可能会想，拍摄大猩猩或某人痛哭、怒吼的视频效果不是更好吗？那就请你下次在电视上看到特别感人的场景时，试试关掉声音。想想会发生什么？你会失去与电视中正在展开的场景的联结。除此之外，看视频还会让你变得懒于倾听。例如，如果有人给你看一张哭泣的母亲的照片，你会觉得她的悲伤只属于她自己，而不会把她和你生活中熟悉的点滴联系起来，在脑海中构想她痛苦时的样子。声音会刺激情绪。在后面的章节中，我会更详细地探讨声音是如何吸引人们全身心投入特定情绪的。

在写音频文本时，你不能依靠画面来讲述故事，你必须尽可能地发挥文字的描述功能。广播写作要求写作者使用短小、生动的句子，报纸或杂志文章中常常会用到的复杂长句，对音频文本来说是行不通的。广播写作需要考虑到人们需要听到自然的停顿。人们在听广播的时候往往同时在做另一件事，所以我经常被告知要用四年级小学生的水平来写作。当时我还不知道有蓝思阅读测评体系这样的测评标准，但我明白应当多用简短和直截了当的陈述句式。大多数人听故事或谈话内容只会听一次，听的时候往往不会全神贯注，而且也不会倒回去重听，所以相应的内容必须让人一听就懂。

**听的
趣味训练**

区分音频与纸媒写作风格

为了凸显针对纸媒的写作与针对音频的写作之间的区别，可以选择一则国家层面的纸媒报道过的新闻来分析。如果使用互联网资源的话，建议采用直接从纸质报纸上扫描的文章，而不是新闻的网络版。然后找到相同主题的音频报道。先读一读报纸新闻的前几段，接着播放音频新闻的第一分钟，包括主播的介绍。对两种文本的写作风格、词语运用和句子结构进行比较。

捕捉声音和报道海外新闻让我兴奋不已，我决定离开肯尼亚，前往巴西的里约热内卢，继续做一名自由记者。我感觉用葡萄牙语捕捉和记录人们的故事，与使用英语一样有力。

通过听快速学好一门新语言

在巴西，我投入葡萄牙语的学习中。我在大学时学过葡萄牙语，但不怎么会讲。学习新语言的过程让我对听有了新的认识：听是学习新语言的第一步，听对理解至关重要。在后面的内容中，我将分享外语学习者的听力学习法，以及听的能力对他们学习学术语言的影响。

在真正听他人讲外语的过程中，我先了解到的是，声音传递与情感的传递是相通的。要听出一个人讲话时传递的愤怒、惊讶或爱，我并不需要理解他说出的每一个单词或短语。他的情感已经通过他的语气、措辞中的停顿和说话的速度传达出来了。我当时并未意识到，我在观看巴西肥皂剧时体会到了关于听在语言学习中的重性。学习一种语言的最基本要求就是听这门语言。白天用葡萄牙语与朋友交谈或参加新闻发布会时，我会觉得这门外语很难听懂，感觉谈论的话题一直在跳跃，没法跟上对话的节奏。到了晚上看肥皂剧时，我却可以从中学到新的词汇和短语，而且往往会在之后真实的生活对话中再次听到它。我会在后面的章节里详细探讨利用电视和广播帮助外语学习的具体方式。

通过听来学习另一种语言，给了我一个了解外语学习规律的窗口。随着我的葡萄牙语水平不断提高，我开始给巴西的当地人教授英语。因为我没有受过如何教授初学者基本语法和语言结构的培训，我选择只教中高级英语学习者。这一次，听再次发挥了关键作用。我的学生都是成年人，他们在某个阶段曾经能比较熟练地使用英语，但后来由于种种原因，他们对英语生疏了。对他们来说，最重要的一件事就是去听地道的英语并进行回应。我设计的课程相当于非正式的聚会，其间我和学生们会使用英语讨论各种话题或者收听英语新闻。我们学习新的词汇，互相听对方的发音以及所使用的短语和表达方式，家庭作业则是读小说或各类新闻，并准备好讨论的话题素材。也许你和你的学生今天面临的现状是，在英语学习的过程中被学术语言所困扰，这和我的教学情况不太一样，但我深知学习一门新语言和教授一门新语言有多困难。无论哪种情形，听都在其中扮演着重要的角色。

身为记者，我学到的另一个经验是，建立自身与报道的联系和对报道的兴趣会让听者真正记住这个报道。如果我不关心这个故事的主题，那么要讲出一个好故事往往很难。

后来我回到波士顿，转而前往华盛顿特区，成为美国国家公共广播电台的签约记者，报道国会新闻和其他国家大事。与我做自由记者时不同的是，我的报道任务都是规定好的。我记得有一个报道是关于美国的葡萄酒商将自己制造的酒称为勃艮第或波尔多，这是否侵犯了法国酒商的知识产权。这条新闻没有多少情感因素在里面，我没有与美国或法国的任何一个酿酒师面对面坐下来进行采访，然后写下他们的故事。事实上，不管是美国还是法国的葡萄酒，我连尝都没尝过。我参照了国会的证词、书面报告和电话采访内容，最终写成的新闻稿件《税单：葡萄酒》（*Tax Bill: Wine*）缺乏我渴望的那种音频所带来的亲密感，只是对事实和正反观点的平铺直叙。肯定还能以更有趣的方式来讲述这个故事，但我没有找到，因为我对这个故事没有兴趣。

我们在学习中会接触到那么多的论题、技能和标准，却很难对这些都感兴趣或者觉得它们与自己相关。但是学习一样东西，这种关联感是必不可少的。换句话说，要掌握某个主题的知识和技能，就必须拥有对它足够的兴趣。我找到了自己真正的兴趣所在，那就是做一名记者。

播客，未来的学习趋势

对播客的痴迷正在席卷全美。12 岁以上的美国人中有超过一半的人收听过播客，而在我撰写本章时，有数据表明在 12 ～ 24 岁的美国人中，有 40% 的人在最近一个月内听过播客。[1] 据估计，现有可收听播客高达 175 万个。[2] 这些播客的内容从当日新闻到如何做煎蛋，包罗万象。我把播客的爆炸性增长看作是听觉的复兴。如今人们普遍认为，听是了解世界的一种绝佳方式，无论是通过听播客来了解古希腊历史，还是学习如何管理自己的财务。现实情况是数以百万计的人正在通过听来学习，而年轻一代的听众也在不断加入这一群体。

这一趋势表明，我并不是唯一一个热衷于通过声音讲故事的人。我们正处在一个令人兴奋的时代前沿，在这个时代，我们可以通过音频把世界带入课堂，而学生也可以用音频与世界分享他们的观点。播客已经走进了成千上万个教室，横跨不同年级、人群和地域，有的教师甚至鼓励学生创建自己的播客。

> 我喜欢去听我以前从来没有听过的东西，这会让我感到特别兴奋！
>
> ——加利福尼亚州埃尔克格罗夫的一名五年级学生

关于如何在 K-12 课堂中融入播客的研讨会议在持续增多。2019 年，国际教育技术协会（International Society for Technology in Education, ISTE）举办的为期 3 天的会议中，有 23 场关于播客的讨论。播客的大热是必然的，因为创作播客所需的技术已日臻成熟，而人的声音具有无穷的魅力。听他人直接讲述亲身经历本身就是一件十分有益的事。鼓励学生与掌握第一手资料的人士交谈，可以使他们获得一种深刻而有意义的学习体验；让学生模仿优秀的音频文本，有助于他们提高写作水平。而最重要的是，当学生开始制作播客时，他们便拥有了一个发声的渠道。制作播客可以激发学生真实的学习热情。

对于我来说，在这样一个时机来分享我通过音频故事进行学习的经验，是最合适、最完美的。

在我记者职业生涯的后期，我举家来到波士顿，成为美国波士顿公共广播电台的一名报道人员。我和丈夫有两个女儿。大女儿天生爱阅读，我并没有刻意教过她读书，有一天她放学回家，毫无预兆地就开始读书了。而小女儿在阅读方面有困难。我一开始没有意识到她有阅读障碍，直到她二年级时老师建议学校的阅读专家介入我才意识到问题。她的阅读困难使得她不喜欢阅读，她经常说自己"讨厌读书"。

但我的小女儿非常喜欢听。我们大声读给她听的书，她会听得津津有味。每天早上她都会和我一起听美国国家公共广播电台的广播，还会针对新闻内容向我提问。她对复杂话题的理解程度让我非常震惊。正是因为她在阅读上面临的挑战，让我觉得也许她和其他有着同样问题的孩子能通过听来获得更多的知识。这可谓是我的顿悟时刻。我决定结束我的记者生涯，开始创办 Listenwise。

Listenwise 是一个在线学习平台，致力于运用音频培养人们听的能力。我们的使命是通过听的力量，鼓舞所有人激发他们的潜能。我们的网站收入了 2 500 多个播客，结合时事分门别类，并做成了可供二至十二年级学习者使用的标准化课程。每个音频都配有可供朗读使用的文本，同时为有阅读困难的学习者以及非英语母语学习者提供学习材料。学习资源与学校标准相一致，可用于听力测试或做书面练习。Listenwise 上的大部分音频材料对教师都是免费的。任何人都可以注册 Listenwise 网站的免费试用版，里面包含辅助学习材料和即用型课程。

放弃记者生涯成为一名创业者，这不是一个简单的决定。成为一名电台记者是我从儿时起就有的愿望，而且我也非常喜欢我的这份工作。但我觉得我对音频的热爱超出了我个人可以描述的范围。我在公共广播电台和播客领域的经验给了我发挥更大影响力的可能。我意识到，如果我创建一个更大的平台来分享用于学习目的的音频，那么我热爱的事业可以得到进一步传播和发展。

我还相信，基于事实的客观报道在教育系统中依然可以发挥作用。我常想，每天都有那么多关于社会事件、科学发现和人际关系的优秀报道，但它们只通过点播被听到一次，然后就彻底淹没在浩如烟海的档案里，简直太可惜了！无论是用于增长知识还是提升听的能力，这些报道对教育工作者和学生来说都是可以深度利用的资源。

我们为网站搜集的故事必须足够短（每个音频大约 3 ～ 5 分钟的长度），才适合学习，同时还要确保素材内容能扩充学习者的知识量。在网络搜索"莎士比亚"不是什么难事，难的是你要在近 3 000 个搜索结果中进行比对。但如果你在 Listenwise 网站上搜索"莎士比亚"，那么你会得到一系列专为学习设计的音频素材，例如，关于莎士比亚作品是否由他本人所写的争议性报道，关于朱丽叶俱乐部如何回复人们写给莎士比亚笔下人物朱丽叶的信件的故事。而在浏览关于"哈姆雷特"主题的单元时，可以先听一个介绍一家演出公司在 197 个国家巡演话剧《哈姆雷特》的故事。Listenwise 致力于策划特别适合学习的高质量音频，并开发配套的练习。

对于中学生来说，听公共广播电台的新闻是很有意思的。学生们喜欢听广播新闻报道，因为听到的故事都是原汁原味的。这些故事不是那些教材制作团队所认为的教育性音频故事该有的样子，而是真实的故事，对听众具有强大的吸引力。

我会从专为小学生制作的优秀播客中找到适合的教学内容。在 Listenwise，我们专注于寻找英语、社会学和科学主题的有吸引力的故事。这些播客通常有 15～30 分钟长，我们的团队会将其编辑成较短的片段，并将重点放在故事所蕴含的关键知识点上。

正是我做记者的经历让我开始理解和认可听的重要性。我女儿向我展示了听力在阅读中的重要性。而我将 Listenwise 打造成一家蓬勃发展的教育科技公司的经历，也让我了解到良好的听力对学习起到的关键作用，以及制作精良的音频故事在教育中的非凡价值。

第 2 章

听的能力影响一生

Listen
Wise

薇姬·贝克（Vicki Beck）是一名教师。一天晚上，她将文件全摊在厨房的桌子上。她计划明天在科学课上使用一页信息结构图，但现在图找不到了。

她记得，在自己收集文件并塞进包里准备带回家周末用时，那页结构图就放在教室里的桌子上。

但现在已经是周日晚上 6 点钟了。她找不到当下正需要的那一页图，上面有着她计划下节课要教的关于蝌蚪变态发育的内容。

她的儿子站在她身边，直到他第四遍大声喊她时，她才听到。

"妈妈，晚饭吃什么？"他几乎是尖叫着说。

而她根本没在听。薇姬突然愧疚地意识到，她自己没有好好倾听儿子的声音。而她的学生同样的行为，正是她有时格外生气的原因。

　　她琢磨着："我自己都做不到认真倾听，怎么能教会学生成为好的听者呢？"

　　她开始思考自己应该如何示范听的技巧，不仅仅在学校，在家里也应如此。她明白，倾听儿子的声音很重要，但她并不总是擅长这一点。

　　她理好了文件，关上电脑，问儿子："吃意大利面怎么样？"

优秀的学习者都会听

　　无论你是什么身份、从事什么职业，拥有一些特定的能力都会有助于你取得成功。很显然，听的能力便是其中之一。做一个好的听者意味着你能与世界保持协调；你活在当下，并投入其中；你倾听家人、朋友与同事，会在听到他们说话的第一时间给予回应；你在听收音机、播客、音乐或有声读物的同时，也在从中学习。

　　与阅读和做乘法运算不同，听通常不被视作一项学生要掌握的常规能力。在教育领域，我们比以往任何时候都更加注重开发学生的非认知能力，如批判性思考能力、解决问题能力和自控能力。而听是一项需要注意力的重要社交能力，是一种平衡能力。

　　或许你还未认真思考过这项重要能力。你可能没有想过自己是不是优秀的听者，但请相信我，他人肯定衡量过你。你的听力要么会拖你的后腿，要么会助你脱颖而出。良好的听的能力有助于你学会阅读，成为更好的学习者，变得更具共情能力，在工作与人际关系中取得成功。听是学习的重要方式。在倾听中，我们可以通过肢体和表情即时反馈。听是我们在工作中获取关键信息的方式。听是我们在生命中所做的第一件事，或许也是最后一件事。这就是听的作用和价值。

对于学习而言，听极为关键，因为好的听者也是好的学习者。[1] 教师应该帮助学生发展听的能力。教师如果想让学生在未来的工作或事业中取得成功，那么应该考虑把听力教学纳入课程，不仅要让学生锻炼听的能力，还应跟踪学生的听力进步情况，甚至开展听力测试。

> 我们经常听人说，孩子不听话，不知道怎样让他集中注意力。很多新媒体都非常令人分心，这是导致人们内心浮躁的原因之一。这也是我们注重带着目的去倾听的原因所在。
>
> ——罗伯特·德洛萨（Robert De Lossa）
> 马萨诸塞州洛厄尔某高中社会学科部门主任

然而，尽管听与读写素养、学业成就相关，但在美国的 K-12 课程中，听的教学并未广泛开展。[2] 当我询问各个年级的教师如何进行听的教学时，大多数人的回答是，他们并未明确地开展听的教学，也不知道该如何下手。不过，有些小学教师确实会进行听的教学。一般情况下，教师期望通过听来促进学生的社交和情感学习，但教学重点却往往放在听他人说和听从指令上。有些低年级的教师会设置听力学习站，或者安排学生们听有声读物。

现在，小学高年级以上的教师更多地会要求学生制作播客或视频，并进行收听或观看。这些材料有的是由教师录制的，有的选自视频网站，或者通过在线教育视频互动平台生成，但练习的重点通常在于理解内容，而不是听的行为本身。有的教师重视互动者反馈和反思，他们会引导学生精心构思互动者反馈，用某非营利性教育组织高级顾问罗恩·伯杰（Ron Berger）的话说，这些反馈应当"充满善意、具体且有益"。然而与此同时，这些教师也许并没有教授学生如何积极接收和倾听互动对象精心构思的反馈。太多的教育工作者忽视了培养听的能力的重要性。

听的能力被严重忽略，而相比之下，各种阅读项目却数不胜数，包括入门级阅读项目、补充阅读工具和阅读干预项目等。儿童阅读教学的重要性怎么强调都不为过，应当贯穿整个低年级阶段。然而，学生一旦到了四年级，直接的阅读理解练习开始减少，教学重心逐渐转向对内容的聚焦。许多学生此时仍然面临阅读困难。

事实上，听是学习阅读的基础。在后续章节中，我将更详细地阐述听与阅读之间的联系。现在，我想接着阐释"听是一项重要能力，我们能够且应该对其开展教学"这一观念。

我自己经过很多练习才掌握听的能力，同样，学生也需要练习才能掌握它。能够成为一名好的听者，我备感自豪。我在听的能力上得到了很多训练。在过去 20 年中，我听他人的故事，在广播中重新讲述这些故事，并选取他们的声音片段融入其中。要让交谈对象敞开心扉与你分享他们的故事，你就必须做一名好的听者。同时，你必须主动听，提出合适的针对性问题，要做到这一点，有时需要听的不是他们说了什么，而是从他们的情感中、反应中流露的东西。我在工作中会仔细地听，抓住讲述的要点，这样才能够充分理解，而后写出别人也能理解的新闻报道。

不管是学生还是成人，我们的大部分知识是通过听学到的。对于人们通过主动和被动听所获得的信息分别占了多大比例，不同的研究给出了不同的数字，但是这些研究都一致认为，我们的知识有一半以上是通过耳朵，而不是通过眼睛接收到的。在《理解与培养口头交流技能》（*Understanding and Developing the Skills of Oral Communication*）一书中，作者 R. A. 亨塞克（R. A. Hunsaker）写道，在我们掌握的所有知识中，有 80% 是通过听学到的。[3]

"有意识的听能激发理解。"声音与交流专家朱利安·特雷热（Julian Treasure）这样说道。他的这一关于听的 TED 演讲播放量已达 800 万次，而他的另一个主题为"如何讲话才能让他人愿意听"的演讲播放量更是高达 2 800 万次。希腊哲学家爱比克泰德曾说，"我们有两只耳朵和一张嘴巴，所以我们所听应当是所说的两倍"。但很显然，相比听，有的人更喜欢说。

特雷热在一次采访中这样对我说道："我认为，与听相比，我们更喜欢诉说。听是一项隐藏的能力，一项被遗忘的能力，一项无声的能力。听很容易被忽视。"即便如此，他认为，正是通过听，我们才能够"更好地理解他人，变得更富同情心。我们可以接纳他人，这在社会生活中极为重要。正是听带来了人与人之间的联系与理解"。

在从事记者工作期间，我写的新闻稿件通过美国国家公共广播电台播放。有无数的听众告诉我，他们在公共广播中获得了新知识。有时，他们会从我写的报道中引用一则事例，而并没有意识到这个信息源自我的报道。人们从听中学到的东西经常会出现在家庭餐桌上的交谈中。显而易见，不管是我的朋友还是陌生人，他们每天都通过听播客和公共广播学到很多东西。随着信息分享模式更多地转向播客的音频传播，尤其是在新闻行业，听的重要性和被重视程度在过去几年里与日俱增。

你是否还记得你或你父母征订的杂志每个月送达你家的情形？在阅读

杂志《17 岁》(*Seventeen*) 时，我学会了如何涂抹腮红。《自我》(*Self*) 杂志教我如何在 5 周之内摆脱肚腩。我的母亲从《美食家》(*Gourmet*) 杂志上学会了如何做酸奶炖牛肉，给客人们留下了深深的回味。现在这些杂志都已不再发行印刷版。1980 年，超过 6 200 个美国人每天都收到一份印刷版的报纸；而今天，这个数量已减少过半。[4] 新闻转向网站发布，近年来更是转向了播客。与你喜爱话题相关的信息也是如此。

一项调查发现，一本书的文字量相当于我们一年的书写量、一个月的阅读量、一周的说话量，或者一天的倾听量。[5]

我们消费信息的方式已转向了听与看。为了获取信息，你可能更喜欢看一段视频或听一段播客，而不是去阅读报纸或杂志。而这需要听的能力支撑。如果你觉得自己听的能力还需要提升，那么你可以采取一种更为积极的态度有意识地自我提升，而不是像很多人一样把听的能力视作天生就具备的。

这便是如今听力教学比以往任何时候都更为重要的原因。

**听的
趣味训练**

听故事中的非言语声音

注意故事中的非言语声音，可以帮我们理解故事中的这些信息所传达的内容。教师可以在听力教学中让学生们制作一张 6 栏结构图，每栏分别标上人物、事件、地点、时间、原因、方式。教师为学生播放音频，每隔 30 秒左右停顿一次，为他们留出片刻时间思考他们所听到的非言语声音。运用"思考—组对—分享"的技巧在学生之间组织简短对话，将他们所听到的内容和给故事增添的内容用语言表达出来。[6] 这种策略对英语学习者而言极为有效，可以为他们提供机会处理任务、练习建构并接收与本次思考任务相关的语言。随后，学生们应快速写下与故事中的人物、时间、地点等方面以及与他们所听到的非言语声音有关的笔记。重复这个过程，直至故事结束。

在故事结束时，让学生们讨论与故事角色、背景、情节以及为讲述故事所运用的非言语声音在人物、时间以及地点等方面相关的看法。一旦学生们完成了倾听、反思并讨论完故事的要素，就让他们要么绘制一幅图像拼贴画，像连环画小说里的一系列图像那样，要么绘出一个单一场景，将非言语声音的来源与角色、背景以及发生的主要事件联系起来。

在听完音频后，还可以让学生们回答：故事中的非言语声音对叙事起到了什么作用？

K-12：会听才能获得好成绩

听是知识学习的支柱。学习的效果往往取决于学生听的能力。如果你还心存疑虑，那么我们一起来看看课程标准是怎么说的。大多数教育者都知道，美国的《共同核心州立标准》自 2009 年开始在全国范围内改变了教育的标准，但作为诸多变化之一，听力标准的变化还未被很多人接受。实际上，无论各州是否遵守《共同核心州立标准》，美国 50 个州的英语语言艺术课程标准里对听力都做出了规定。通过将听力纳入全面发展教育标准，业内的领导者们大声疾呼：学会听对学生的成功很重要。这些标准规定了学生在每个年级和最后上大学或就业时应具备的能力。自 2020 年起，

《共同核心州立标准》在 40 个州和哥伦比亚特区得以采用。有 22 个州在它们的标准化测试中开展了听力测试。

最具影响力的佛罗里达州和得克萨斯州有各自的听力标准。与《共同核心州立标准》相比，这两个州在听力上各自采取了不相同但更严格的规范。通过要求学生在重大测试中对听力和阅读进行对比的方式，佛罗里达州将听力和阅读直接结合了起来，以音频形式展现的任何东西都被当作"文本"。得克萨斯州则将听力当作"基本语言能力"，并要求学生知道如何进行主动倾听。但是，得克萨斯州在其学业准备州级评估（State of Texas Assessments of Academic Readiness，STAAR®）考试中没有设置听力测试。

当《共同核心州立标准》出台时，两种新的标准化测试同时诞生并被用于评估，它们分别为智慧平衡评估联盟（Smarter Balanced Assessment Consortium，SBAC）和大学与就业准备评价同盟（Partnership for Assessmet Readiness for College and Careers，PARCC）。各个州要么采用了这些评估中的部分内容，要么放弃标准，创制自己的测试。例如，佛罗里达州采用的是佛罗里达州综合评估测试体系（Florida Comprehensive Assessment Test，FCAT）。

> 我们教学用到的内容基本是视觉化的，如果能在教学中发掘学生听的能力，那可真是太棒了。
>
> ——埃米·比彻姆（Amy Beaucham）
> 佐治亚州费耶特的一至五年级教师

当相关测试首次问世时，智慧平衡评估联盟和大学与就业准备评价同盟在测试中的英语语言艺术部分均设有听力。

　　大学与就业准备评价同盟将听与说测试在 2015 年用于实地操作。然而，大多数州要求撤销测试中的听力部分，理由是时间有限和缺乏必要技术。因为各区无法为每个学生配备笔记本电脑，大规模的总结性听力评估并不可行，这些撤销请求被批准。目前，大学与就业准备评价同盟不再对听力做常规测试，听力测试设置很少。

　　智慧平衡评估联盟的测试运用则更为广泛。该联合体由 17 个州组成，包括加利福尼亚州，这些州在重大测试中都设置了听力部分。另外，未加入智慧平衡评估联盟的州，如佛罗里达州与印第安那州，在其通识教育阶段学生年度考试中的英语语言艺术部分设置了听力短文和相关提问。从 2021 年开始，22 个州在其英语语言艺术评估中设有听力测试。此外，所有定向的英语学习者每年都会经历听力测试，作为分级过程的一部分。

　　为何听力测试很重要？因为据我们所知，通常情况下，测试内容会带动教学。如果州级教育领导者们不将听力纳入其标准化测试，他们就是在敷衍学生，那意味着教师不再负责将听力按要求的标准教授给学生。如此一来，学生们将不会认真对待听力教学。

　　在很多州，听力测试从三年级开始，往后每年持续进行，直到八年级结束。在少数州，十年级和十一年级继续开展听力测试。据我们估计，超过 1 000 万的三至十一年级美国学生每年都会经历听力测试，1 000 万！倘若这么多学生要经历某项能力考试，那么毫无疑问，他们肯定会加强这项能力的练习。

**听的
趣味训练**

通过讨论和分享学会听

有一种听力教学实践，也是 Listenwise 课程强调的练习方式，便是通过先听学生分享的故事来开启听力教学，这有助于教师激活学生已掌握的知识。在这个活动中，教师要做良好的听力示范，并吸引学生对即将听到的主题展开思考。

比如，准备一段关于校园霸凌的报道作为听力教材。在课堂开始时，告知学生即将听到关于学生受到霸凌的故事。要求学生思考他们自己关于霸凌的经历，回想自己是否遭遇过霸凌，是否看到过他人遭受霸凌，或者是否霸凌过别人。接下来，让学生描述霸凌者会采用的行为或语言。运用划为 3 列的表格来记录学生的回应，表头为"霸凌行为是什么样子"、"霸凌语言是什么样子"和"面对霸凌能做些什么"。该表会促使学生们做好准备，主动去听故事中霸凌的证据以及产生的回应。

教师可以让学生独自、组对或分组来听音频，不时停顿，便于他们快速做笔记，写下他们从故事中听到的霸凌证据。结束时，学生应讨论他们于何处听到的故事中的人对霸凌做出了何种回应。针对类似情形，鼓励学生补充他们自己认为可以做出的回应。

音频播放结束后，让学生讨论，如果很多人能识别霸凌者的行为或语言并对其做出回应，霸凌者会有何感受？对霸凌的回应是否可能变成另一种霸凌？让学生回顾表格中"面对霸凌能做些什么"这一栏。用"对霸凌的回应是否公平？""这些回应是否使人难堪？"这些问题引导学生思考对霸凌的回应该如何在正义和共情之间求得平衡。

　　还可以进一步探讨：为什么有人会实施霸凌呢？他们在哪里学会的霸凌？可以引导学生反思，是否每个人都有可能成为一名霸凌者，并说出理由。

　　现在，学生学习听力课程、做听力练习题的条件强于以往任何时候，因为他们能在任何地方做听力，无论是在他们的笔记本电脑、家庭台式电脑还是在手机上。让我们看看在佛罗里达州综合评估测试中是如何进行听力测试的。

　　在八年级英语语言艺术模拟测试中，学生们被要求听一段主题为"紧凑型荧光灯"的播客音频，并阅读一份有关相同主题的情况说明或常见问题解答。材料 1 为一段简短的访谈，时长约为 1.5 分钟，访谈人物是来自环保局的一名身份未知的人员。材料 2 为书面文件，是一份关于荧光灯的情况说明或常见问题解答。学生们被要求听材料 1 并阅读材料 2，结合相关信息，对综合两段材料信息所提出的问题进行回答。

　　在与音频内容直接相关的问题中，学生们被要求识别采访者的意图以及该采访者如何达到她的意图。学生们还被要求选出在音频中展现的紧凑型荧光灯管的两个优点。而针对紧凑型荧光灯管的几个说法，要求学生运用两段材料中给出的信息来识别哪种说法没有充分的证据支撑。

　　然后，学生们会看到一个表格，要求他们点击对应方框，把讲述者在播客音频中提出的说法和每个说法的支持性证据进行匹配。这要求学生把从听到与阅读到的信息中获取的知识结合起来。

　　这些是学生需要经过训练方能学会的高阶技能。便于弄清意图、证据和基调的主动听的技能，并不是靠独立学习就能学会的。通过训练获得的这项技能可在各种媒介中运用。

在这些测试中，听力部分占比较重，影响学生的总得分。但在很多州级考试中，听力部分占测试总分的 10% ～ 20%。在加利福尼亚州学生成绩与进步评估中，听力部分在英语语言艺术测试总分中占 25%，另外 75% 的分数分别来自对阅读、写作和调查研究的考查。而在开展听力测试的州中，加利福尼亚州是最大的州。想象一下，学生学数学时，教师不教他们几何学，怎么能指望他们在考试中取得高分！

有的教师会觉得，学生们时刻都在听。这的确不假，但他们为什么而听呢？他们听是为了捕捉具体细节、主题思想，还是为了获取推论？他们是否曾戴上耳机听完一段音频，然后回答问题？在州级考试中，这就是需要他们具备的能力。

听力教学的最主要成果是培养出成功的学习者，为学生取得学业或事业成功做准备。

大学：会听才能完成学业

我在上大学时，全班同学每周只碰面两次，参加持续时间较长的讲座，我还记得当时我有多惊讶。从传统的高中走出来，我已习惯了时长小于 1 小时的日常课堂，在时长 50 分钟的课堂中，我或许只需要认真听 20 分钟左右，这在我的能力承受范围内。而上大学后我需要参加时长 2 小时的讲座，集中注意力并自始至终认真听，这对我来说颇有压力，我并未准备好。

今天，有些课程通过网上直播或提前录好的音频形式授课，所以从严格意义上讲，学生们不必到场去听。如有必要，学生们甚至可以多听几次。这比较耗时，所以很多教授不允许录制，讨论课尤其如此。没有什么可以替代学生到教室现场主动倾听、提出问题并接触信息。现场授课除了能让学生充分利用学习机会，还能让他们为日后的工作面试做准备，因为在面试过程中，他们无法暂停或重放雇主的提问。

显然，具备良好的听的能力在大学里更为利害攸关。在高等教育课程中，学生面临更具挑战性的环境。有些课堂上有几百名学生，因此令人分心的因素很多。可能讲师说话声音小、口齿不清或口音很重，学生需要边听边适应，或者从黑板上的板书内容中获取更多提示。听与学习的重点和责任几乎全部落在了学生身上。

有效地听是大学生成功所应具备的必不可少的能力。大量研究证明了听对于学生在大学里获得成功的重要性。在一项研究中，研究人员在学期初对 400 名大一新生进行了听力测试，其后一整个学期中，学生没有上专门的听力课，只是正常地进行学术知识的学习。大一结束时，研究者们发现，学期初听力测试获得高分的大一新生中，将近 69% 的人在大一结束时被评为优等生，而学期初听力测试获得低分的学生中有 49% 的人被留校察看。[7] 该研究大力呼吁提升学生的听力，让他们为上大学做好准备。

《帝国跨学科研究》（*Imperial Journal of Interdisciplinary Research*）上发表的一项研究发现，学生听的习惯很大程度上决定了他们的学术成就。[8]去网上搜索"在大学获得成功与听力"，你会发现，很多大学通过开展听力辅导来帮助学生做好准备。位于新罕布什尔州的达特茅斯学院的学术技能中心列举了培养听力应克服的 10 大坏习惯，并给出了解决方案。另外，他们还列出了一份名为"通过听进行学习"的建议清单。位于宾夕法尼亚州的伊丽莎白城学院设置了一个"学习天地"网站，专门用于促进学生在学业上获得成功，该网站内设听力模块。[9]如果听力对于学生取得成功来说无关紧要，这些大学又怎么会对听力如此重视？

然而，虽然在一些学习指南和网上备考资料中会强调听力的重要，仍有许多大学很少教授听力。即使是在沟通课上，用于提升学生听力的时间也少之又少。或许正是因为缺乏正式的听的教学，学生并不知道他们如何控制并提升自己的听力。

从高中到大学的学习模式过渡较为艰难。学生们不断受到"新事物"的轰炸：新城市、新室友、新班级……事实上，要获得成功，他们可以早做准备。从幼儿园开始一直到高中，你有能力引导学生们养成优秀的听的习惯，这在你的掌控之中。

职场：会听才有职业前途

当学生进入职场，不再有图表与文本辅助理解，大多数情况下，他们很可能在口头交流中进行工作上的学习，其途径可能是通过视频培训、面对面指导或参与有新上司参加的会议。他们会被告知要做什么，并可能通过新员工培训计划实现。为了更快上手并充分发挥他们的技能，他们需要出色的听力与一些策略，以便于吸收信息。

在当今互联互通的世界，听的能力是最为重要的职业能力之一。研究生入学管理委员会的一份报告显示，在排名最靠前的 5 项能力中，4 项能力与沟通有关，听的能力排名第二。[10]

善于听、表达清晰和优秀的写作能力是成功员工应具备的 3 大素质。由谷歌开展的一项招聘研究发现，谷歌优秀员工的 7 大重要特征均为软技能，包括良好的沟通能力与听的能力。[11] 另一项研究发现，商业领袖和专业学者们将听列为职场高效率人士的最重要技能之一，然而，只有 1.5% 的商业期刊文章提及听的作用。[12]《高效能人士的 7 个习惯》(*The 7 Habits of Highly Effective People*) 是阅读量最大的管理学书籍之一，作者史蒂芬·柯维 (Stephen Covey) 在书中写道，"大多数人听的意图不是为了理解，他们是为了回应而听"。[13]

一位曾任世界多家大企业首席执行官的顾问曾在《哈佛商业评论》(*Harvard Business Review*) 中提出，不会听会使跨部门协同瘫痪，破坏职业发展，并有可能给公司造成损失。[14] 听的受益者不仅仅是领导者。会听有助于更有效的同事协作。例如，在你的同事第一次告诉你如何执行一个项目时，如果你主动认真听，之后在执行时你问的问题会更少，工作质量也会更高，这可以节省你的时间和精力。与此同时，你的同事会高度评价你，因为你只需要教一次就会了。

领导者们明白，听对于任何关系来说都不可或缺。而我想说的是，它对创建公司来说也极其重要。围绕听力的培养，我创立了一家公司，这使得听成为我们 Listenwise 公司的核心价值观。

Listenwise 的核心价值主要表现在以下 3 点：

- 我们相互倾听。

- 我们倾听客户。

- 我们"倾听"数据。

先让我们对"相互倾听"进行剖析。这不仅仅是指开会时听某人讲话，然后不断点头。在我们公司，"相互倾听"意味着重视彼此的投入。在会议结束后，如果有员工给我发邮件，想要对我所说的内容进行再次确认或请我进一步详细解释，那么我知道这名员工认真倾听了我说的话。

关于"倾听客户"，可以说，我们每天都会倾听我们的客户。我们需要快速回复客户的提问，因此我们会开展培训，学习如何对相关问题进行回应。但听不应该只是被动的。我们会主动询问客户对 Listenwise 的体验感受，以及他们是如何利用我们提供的资源教授学生的。我们不是只想听到教师们对 Listenwise 的积极评价，我们也不是只在有问题需要解决时才去听。听客户的反馈是我们工作的基本部分。

我们也"'倾听'数据"，数据会"讲故事"。倘若你对此充耳不闻，你就会错过重点。我们深知，倾听教师的反馈有时只了解了事实的一部分。因此我们还会研究资料运用模式、播客的播放次数以及布置小测试的频率。这些信息点会引导我们把 Listenwise 办得更好。

我们定期对核心价值展开共同思考，讨论我们如何才能更好地实现这些价值，以及我们还可以改进的地方。

社交：会听才能激发善意

如果我不探讨倾听在人际关系中的重要作用，那就是我的失职。众所周知，如果你倾听了你的伴侣的心声，你们的关系会变得更好；如果你倾听朋友和孩子的声音，你也将得到回报。想让你的人际关系步入健康发展的轨道，倾听是关键。当你集中注意力、平心静气地倾听对方，并换种说法阐释对方所说的话，从而表现出你的理解，这样传达错误信息的概率便会减少。

父母主动倾听孩子也很重要。当你向你的孩子表现出真正的关注，他们会感受到自己被支持和被爱，这是开放式和充满信任的关系的基础。作为两个十几岁女孩的母亲，我深谙这个道理。亲子教育中心（Center for Parenting Education）证实，"主动倾听是你要教给子女的最重要的能力，没有之一"。[15]

在我的家庭餐桌上，父母会主动倾听。我很早就意识到，仅仅让孩子们到餐桌前开始"家庭聚餐"没有太大用处。在她们较小的时候，席间谈话往往毫无条理且漫无目的。孩子们并不总是知道该轮到谁发言，也不清楚怎样才能做到良好的倾听。在她们上小学期间，我们围绕几个重要问题开创了新的餐桌传统。那时我是一名记者，我知道沟通的关键在于提出好的问题。我从自己的家庭实践中学到，培养扎实且能共情的倾听能力需要好的示范、时间与耐心。以下是我常在餐桌上问的问题：

- 你今天过得怎么样？

- 告诉我今天发生的一件好事。

- 告诉我今天发生的一件不好的事。

- 你对他人做了什么好事？

在谈话开头提出能简单回答的问题，例如"你今天过得怎么样"，能让孩子们感觉比较自在。每次进餐时，通过同样的问题，能让孩子们预知接下来的谈话内容。用一个词来总结一天的感受，是一种好的打开话题的方式，可以为接下来的问题预热。下一个问题更为重要。让孩子们告诉你今天发生的一件好事，这是在要求他们给你讲一个故事。你在向他们示意，你愿意倾听他们的声音。你可以要求他们讲得具体、详尽，尽量让他们进行深入的讲述。这个故事的长短，以及他们如何做出回应，都取决于他们自己。你应该全神贯注地倾听，随后再提出问题。"你对他人做了什么好事"是在给孩子们提出一个与他们自己有关，并对他人以及周围世界有所影响的问题，父母对其发言进行总结，再将谈话向外拓展。在我家，每个人在吃饭时间几乎都会被问到这 4 个问题。如果你到我家来吃饭，你也会被问到这些问题，大家也会倾听你的心声。

尽管我和丈夫在餐桌前做了良好的倾听示范，但我有一个女儿的倾听能力仍然需要提升。她一心只关注别人什么时候说完，这样她就可以开始说自己想说的话了。她的心思不难感知到。我给她指出了这一点，她承认她不过是在等。我尝试"以其人之道，还治其人之身"，帮助她纠正坏习惯，在女儿讲述的时候对她的行为进行模仿。我好几次都故意打断她，发表自己的看法，而且清楚地表明我并没有认真听她说了什么。在她讲完后，我也不提任何问题，只是开始讲我的故事。她抱怨说，我不是一个合格的倾听者。她感受到了自己的声音不被他人听到的糟糕感觉，并吸取了教训。鉴于旧习难改，我们多次实施了这个对策。其实，无论是你的学生、同事、老板、朋友、伴侣还是孩子，主动倾听在各种关系中和各个场合里都非常重要。

听不但重要，更是必不可少的。朱利安·特雷热曾说："如果你能让孩子们对'为什么要倾听'这个问题有比较深入的理解，那么他们就会明白，听可以激发善意，让人们友善相待。"也就是说，倾听能够创造出一个更加充满善意和宽容的世界。

第 **3** 章

听的大脑机制

Listen
Wise

这是一个漫长的工作日，而下班回家的路似乎更加漫长。

薇姬今天带领全班学生去科学博物馆进行参观考察。但贾斯廷忘了带家长签字的实地考察同意书，薇姬不得不去奋力追赶刚刚离开的贾斯廷妈妈，拿到同意书。就在大巴车出发前往博物馆的前一秒，克拉拉觉得肚子不舒服，跑去校医办公室了。而到了博物馆，不出薇娅所料，学生们一窝蜂都跑去看全尺寸的霸王龙模型，没有人听老师的指令，整个参观之行一片混乱。

而在薇姬下班回家的路上，平时一直车流量稀少的道路因为一处水管爆裂抢修引发交通拥堵。好在她还能听听收音机里的广播，不至于过于无聊。

她最终到家的时间比平时晚了 20 分钟，车子就停在自家的私人车道上，可她却迟迟未能下车。她听收音机里的一个故事听得入了迷。故事的主人公名叫内德，28岁，全身瘫痪，脑部严重受损，日常生活起居都由一只猴子协助完成。她能听到收音机里猴子回应内德缓慢含糊的指令时发出的"吱吱"声和口哨声。她很难听懂内德想说的话，但是这只猴子却听得懂他说的一切。显然，他们之间已经形成了一种特殊的联系，甚至可能是一种特殊的语言。

她像入定了一样坐在驾驶座上，全神贯注地听着这只猴子用来与内德交流的声音。她似乎看到了这个年轻人接过猴子从冰箱里拿给他的一瓶水时脸上泛起的笑容。她完全停不下来，迫不及待地想知道故事的结局。尽管这已经是非常漫长劳累的一天，可她就这样坐在车里听完了整个故事。然后她哭了。

"如果我教学生新内容时，能让他们像我感受这个故事一样感受一切，他们就不会忘记他们听到的内容。"薇姬心里说。

听故事是一项全脑锻炼

好的有声故事具有强大的吸引力，能把你带到故事中的世界。它能够重塑你的大脑和记忆，使你感到与世界的联系变得更加紧密。这一切都源自听的魅力。

布朗大学的神经科学家塞思·霍罗威茨（Seth Horowitz）认为，听觉是一种普遍存在的感觉。人类有 5 种基本感官：触觉、视觉、听觉、嗅觉和味觉。[1]为什么听觉如此重要？听觉提醒我们周遭所发生的事，为我们带来快乐或发出警告。听觉从不自动关闭，我认为它比我们其他任何感官都更敏捷。

研究人员发现，早期脊椎动物还没发展出中耳和外耳时，已经可以听到声音，而蝾螈可以通过空气的振动来探测声波。[2] 在看不见声源的地方，在黑暗中，甚至在我们睡觉的时候，我们无时无刻不在听。听是交流的重要组成部分。

我们的耳朵非常神奇，它们捕捉声波，让声波经由我们的大脑转化为声音，进而由思维将其转化为意义。听的过程是我们的身体将空气中的声波转化为电信号的过程，随后我们的听觉神经将电信号传送给大脑。[3] 美国国家卫生研究院制作的动画短片《声音入脑之旅》（*The Journey of Sound to the Brain*）引人入胜地展示了声波是如何输送到大脑的。[4] 这个视频以动画的方式进行描述：声音是如何通过耳道到达耳鼓的；随后耳鼓振动引起 3 块小骨头的振动，这些骨头放大了声波的振幅，并将其传送至耳蜗；耳蜗内充满液体，声波引起液体的波动，耳蜗内的毛细胞随着这些波移动并将其转化为电信号；离子涌入毛细胞顶部，导致毛细胞底部释放神经递质；这些神经递质与听觉神经结合，将电信号传递给大脑。大脑将这些信息理解为声音。

胎儿的听力发育是在子宫内开始的。虽然胎儿的耳朵在孕中期就已经发育完成了，但是耳与脑的连接直到孕晚期才形成。[5] 耳朵形成后，听觉系统继续发育。研究显示，孕龄达 28 周后，也就是在孕期的最后 3 个月，胎儿可以真正听到声音并开始学习。此时胎儿已经具备了"短期听觉记忆"，并能听到外面的谈话。[6] 但是要知道，胎儿悬浮在羊水中，所以胎儿隔着这些液体听到的声音是含混不清的。虽然胎儿可以听到母亲的心跳声、说话声和音乐等，但都不是很清晰。

根据美国国家卫生研究院的数据，美国每 1 000 名儿童中就有 2 ～ 3 名在出生时便患有听力损伤。[7] 由于听觉对学习说话至关重要，因此医生会在新生儿出生后的首月就进行听力筛查。但这并不意味着他们能检查出所有问题，因为听力损伤可能在任何阶段发生。

我的大女儿是足月出生的，通过了所有的新生儿筛查测试。看着她逐渐成长为一个聪明好奇的孩子，我压根儿没有考虑过她会有听力问题。她在别人和她说话时有反应，也在适当的年龄开始学说话，3 岁半的时候已经能流利地说话了。一切似乎都很正常。

但我的一个朋友接触我女儿以后，认为她在说一些单词时的发音方式似乎表明她听力不好。她是我的第一个孩子，我原以为她说"sun"（太阳）和"shine"（发光）的方式有点奇怪，是婴儿语的特点，慢慢就会好，但朋友的母亲是一名言语治疗师，她凭经验听出我女儿说"s"时发成了舌侧音，很像听力受损人士的说话方式。这种舌侧口齿不清（lateral lisp）是指口腔的气流挤压整个舌面，而不是从嘴巴前端喷出，使得"s"和"sh"的发音听起来含混不清。

我和朋友快速设计了一个听力测试。我站在我女儿身后的餐桌边，用正常的音量对她说："你想吃冰激凌吗？"她没有回应。我的朋友站在她的前面，说了同样的话，她激动地回答："想！"我们由此初步诊断我女儿患有听力问题。在她确诊耳朵里有积液导致中度听力受损后，她开始做听力矫正，方法相当简单，就是在她的耳朵里插入管子把液体排出来。而口齿不清和某些单词发音不准则需要通过言语治疗和大量练习来纠正。

仅仅把声音传输到大脑中只是听的一部分。你的大脑必须把声音转化成意义，这个过程让听变得更加复杂。声波转化为意义需要大脑听觉区域的参与。加州大学圣迭戈分校的认知科学家本杰明·伯根（Benjamin

Bergen）在大脑如何解读声音的意义方面著述颇丰。他的研究专长是大脑如何为声音创建心理意象。他探讨了具身模拟假说，对于这一假设的含义，他在《我们赖以生存的意义》（*Louder than Words*）[①] 一书中写道："我们对语言的理解就是通过在我们的脑海中进行模拟，去感受这些语言所描述的事物若换成我们自己亲身去体验会是怎样的。"[8]

人们在听到话语时，大脑中负责视觉、听觉、嗅觉和运动控制的系统就被激活了。他在一次采访中告诉我，当人们听到与人的动作相关的话语时，比如"上楼"或"开金枪鱼罐头"，就会激活大脑中负责驱动这些动作的部位，即大脑控制运动的部位。大脑成像研究表明，当人们与外界直接互动时，会在大脑的相应部位形成实际体验。比如，当你看到一只鸟时，你的视觉皮层会被激活，而当你听到一个关于鸟的故事时，也会激活同样的部位。

假设你听到一个故事，说一个厨师正在做一顿美味的饭菜，这会儿正在煎大蒜准备制作意大利面酱，你可能会感受到大蒜在锅里发出的咝咝声。这个故事不仅仅会刺激你大脑的语言处理区，也会刺激你的嗅觉和味觉皮层，你好像闻到了大蒜的香味，甚至会感到肚子饿。这说明大脑的多个区域都参与进来了。如果你听到的是一个关于棒球投手和捕手的故事，那么你的大脑就会向你的运动系统发出信号，让你的运动系统兴奋起来，做好接球的准备。也就是说，与动作相关的语言触发了运动模拟。当你在听与动作行为相关的故事时，你的整个身体基本上都会参与进来。换句话说，你的大脑通过"心灵之眼"看到了它听到的声音，这就是所谓的听觉场景分析（auditory scene analysis）。这项研究主要来自伯根，他在被试倾

---

①　该书通过大量有趣的实验，为人们讲解了大脑是如何成为一个意义制造机的，并揭示了是什么在影响人类的思考与行为。这本书的中文简体字版已由湛庐引进，由天津科学技术出版社于 2021 年 5 月出版。——编者注

听或阅读时对他们的大脑进行了扫描并展开研究。伯根指出，人在倾听时的联想似乎比阅读时更强。伯根告诉我，书写是人类的发明，并不是人类与生俱来或普遍存在的能力，但人类的大脑天生就能对声音做出反应。他说有研究表明，在阅读时，你的眼睛忙于看书，同时你正积极搜寻流经视觉系统的信息，一旦这个过程受到干扰，你便无法看清下一个字是什么。所以在阅读过程受到干扰的情况下，你的视觉系统是无法在你脑海中为读到的语言创造视觉意象的。

伯根认为，"我们想象声音时和听到真实声音时使用的大脑区域是相同的"。[9]当信息以故事的形式传递时，和大脑的关联就更强烈了。他说，人们会全情投入一个故事中，但很少有人会对陈述性的事件说明注入太多情感。

> 让中学生参与他们周围的世界，帮助他们理解他人的观点，这是他们学习中最基础的部分。为了做到这一点，学生需要学会听。人的声音和故事应当成为他们学习倾听的关键要素。
>
> ——特蕾西·索卡洛斯基（Tracy Sockalosky）
> 马萨诸塞州的中学教师

听故事是人类的本能。毕竟，人类在学会说话之前就开始分享故事了。例如在印度尼西亚的一个山洞里发现的岩画，距今已有4万多年的历史。洞穴居民用红色颜料画了一个关于动物和超自然人类狩猎的故事。[10]虽然我们无法得知早期人类在洞壁上画故事时是否在边画边讲述，但可以肯定的是他们在用图画讲故事。人类学会开口说话后，口头交流就变成了传达信息、分享知识和表达自己的主要方式。

讲故事是教学的最初形式。认知心理学家将教学定义为"一个动物意欲让另一个动物学会一些先前不具备的技能，或者获得一些以往没有的信息或知识的一种行为"。[11]

有证据表明，在最早的狩猎采集社会中，人类为了生存会相互分享信息。有些人认为，由此可以证明，口述故事被作为教学法起源于狩猎采集社会。[12]

自狩猎采集时代以来，人类已经远非昔日模样，但我们对讲故事的热爱和依赖并没有改变多少。

神经经济学家保罗·扎克（Paul Zak）发现，观看或聆听充满戏剧张力的故事，能让被试体内的皮质醇和催产素水平升高。皮质醇协助身体对压力做出反应，而催产素则在人际间的社会联结中扮演重要角色。

扎克发现，催产素的增加能够激发被试对故事中的主要人物产生更多的共情。实验对照组观看的是相同人物的故事，但是情节缺乏戏剧性，他们分泌的皮质醇和催产素并没有增加，也没有产生共情。[13]

建立共情对学习者的社会学习和情感学习至关重要，我们将在本章后续部分详细讨论如何通过听建立这一能力。

现在，先让我们来看看，为什么我们这么喜欢听故事。

当信息以事实或数字列表的形式提供给我们时，我们大脑的两个主要区域布罗卡区（Broca's area）和韦尼克区（Wernicke's area）（图3–1）会受到触发，这两个区域负责语言处理。然而，当我们接收故事形式的信息时，不仅布罗卡区和韦尼克区被激活，我们大脑中处理相关感官体验的其他区域也被开启了。[14]

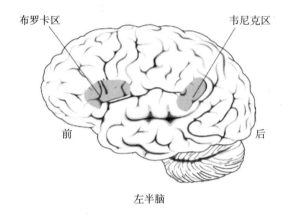

图3-1　大脑中的布罗卡区和韦尼克区

资料来源：Wikimedia Commons.[15]

这意味着听故事能调动大脑的多重区域，是一种极其强大的学习方式。

从这项科学研究中我们可以得到两个相关的启示。第一，听故事是一项全脑锻炼，并且是一项令人十分愉悦的锻炼。第二，因为你大脑中的很多区域都参与进来了，所以记住一个故事比记住一场简单明了的讲座要更容易。

**听的
趣味训练**

感官倾听

让学生体验"感官倾听"，可以很好地帮助他们从神经学的角度了解当我们在倾听时大脑里发生了什么。教师可以播放一个探险类的有声故事的前几分钟，让学生沉浸在感官体验中。这个故事要引人入胜，让人仿佛置身其中。当故事放到足以让学生获得丰富的感官体验时就可以停止了。教师可以向学生们提出以下问题：

- 故事的场景是什么颜色的？

- 描述一下音频里的人物正在穿越的区域。什么声音给了你线索？

- 故事中环境的气味是什么？这种环境是热还是冷？

- 讲述者的感觉如何？

- 故事里有虫子吗？你怎么知道的？

　　提醒学生，每个人头脑中的视觉画面都是不一样的，因为每个人的已有背景知识不同，他们会在各自的脑海里形成特有的影像。与学生讨论，为什么感官体验有助于提高他们回忆故事中信息的能力。

听如何强化记忆

　　你可能在想，要成为一个好的听者，意味着需要具备好的记忆力。乔舒亚·福尔（Joshua Foer）在《与爱因斯坦月球漫步》（*Moonwalking with Einstein*）一书中对记忆进行了深入探讨并得出结论：在头脑中形成视觉图像，将这些图像用想象出来的空间路径（spatial pathways）串联起来，是一种非常有效的记忆方法。[16] 他参加了美国记忆力锦标赛，研究这些参赛者和记忆专家是如何记忆的。一项研究表明，记忆力冠军都是把获得的书面信息和听觉信息转化成图像来记忆的。他们利用自己的视觉记忆和大脑中的空间巡航系统（spatial navigation system）把事实信息转化为图片，并把图片放置在空间路径上，从而把他们的记忆联系起来。事实上，在听的时候，我们的大脑已经动用了这项能力。

> 一旦他们开始互相讨论刚刚听到的内容，他们就根本无暇顾及其他话题。他们不再讨论"你打算穿什么衣服参加舞会"这样的问题，而是完全聚焦于他们刚刚听到的材料。我相信他们在讨论中的投入程度能够反映这个活动带给他们的意义。
>
> ——麦克·梅斯纳（Mike Messner）
> 加利福尼亚州洛斯阿尔托斯的高中社会科学课教师

作为教师，你不会希望只是把事实塞进学生的大脑，你希望分析事实，成为将所学知识应用于现实世界的批判性思考者。但是这一切要基于你对世界的全面了解。

一项研究表明，人们已有的背景知识是理解新信息的关键。[17] 有两组被试参加了实验，他们拿到了同一份关于半局棒球比赛的详细书面描述。其中一组被试都是狂热的棒球迷，而另一组被试对棒球的了解要少得多。研究人员要求他们回忆所读到的关于这半局比赛的内容，对棒球有更多了解的被试可以说出比赛的细节，而对棒球知识知之甚少的被试则只记住了一些无关紧要的细节。具备背景知识的人表现出了更强的理解力，即便其阅读能力处于相对较低水平。

福尔的结论是："一个人如果没有一个概念框架来承载所学，那么他与失忆症患者没什么两样。"从本质上讲，"你懂得越多，学起来就越容易"。

如果你喜欢听公共广播，我猜想在你的生活中肯定曾经有过"车道时刻"（driveway moment），即你沉浸在一个好故事中无法自拔，必须听完才能从车里出来，就像前面讲到的薇姬的经历一样，她收听内德和猴子的故事太入迷，以至于必须听完故事才能下车。

"车道时刻"是公共广播领域的行话，作为一名资深的公共广播记者，我渴望创造这样的时刻。我的目标是捕捉动人的音频，写出生动的场景，并将声音和场景融入扣人心弦的故事中。虽然不是每次都能达到我为自己设定的高标准，但我一直向着这个目标在努力。

作为一名记者，我当时并不知道"车道时刻"其实就是认知科学家所说的"沉浸式经历者"的观点。[18] 这个观点认为，在一定程度上，对语言的理解类似于身临其境并亲历语言所描述的事件。并非所有的研究人员都认同这一观点，但有证据表明，人会对"身临其境"的感受进行模拟。[19] 从神经科学的角度看，这完全站得住脚，因为你的大脑时时刻刻都在制作一部心理电影，电影里包含着大脑通过听觉获得的场景和气味的信息。研究人员甚至发现，你对事件的感知来自故事讲述者的视角。

罗尔夫·兹万（Rolf Zwaan）和他的同事进行的一项研究检验了以下观点：人们通过在动态模拟中对所听到的事物进行心理表达，从而真正看到并体验到这些事物。兹万让 82 名被试收听从不同角度描述动作的句子。其中有一个句子是"投手将垒球投向了你"，兹万想要测试一下，在听到这句话时，被试是否会在脑海里设想自己手握球棒站在本垒位置，"眼看着"垒球快速靠近变得越来越大。另一个句子是"你将垒球扔给了投手"，在你的脑海里，你会不会"看见"球飞向投手而迅速变得越来越小呢？[20]

答案是肯定的。当被试"看到"的图片呈现出的垒球运动方向与句子所描述的方向一致时，被试对其进行归类的速度更快。换句话说，如果被试听到的句子是"投手将垒球投向了你"，同时让被试看到两张通过快速切换而给人以"垒球在变大"之感的图片，那么他们识别这类图片的速度就会稍快一些。

这项研究表明，利用口头交流可以改变听者的看法。以上的垒球研究关注的只是球的运动，而本杰明·伯根用他的研究表明，"语言确实操纵了你在心理上模拟外物时所采取的视角"。

在研究中，伯根要求被试收听或者阅读有关静止物体的句子。其中一个句子是"透过干净的护目镜，滑雪者可以轻易辨识麋鹿"，另一个句子是"透过起雾的护目镜，滑雪者几乎无法辨识麋鹿"。然后研究人员向被试展示一张麋鹿的图片。与垒球研究类似，如果人们是以雾气覆盖的护目镜为视角，那么他们就会更难"看到"麋鹿的图片。伯根的结论是，人们是从场景亲历者的视角对事物进行心理模拟的。[21]

在经营 Listenwise 公司的这些年里，我无数次听到老师们分享他们和学生一起听音频故事时的经历，他们谈到的感受和上面的研究结论完全一致。他们能够看到学生如何代入故事中人物角色的视角。学生对他们说，听故事让他们觉得自己是故事的一部分。

在课堂里，学生受制于学校的围墙。即使是远程学习，学生也很少有机会获得真实体验。但声音可以突破藩篱，一朝千里。这就是为什么使用音频教学会有如此神奇的作用。方寸之间，尽显天地。

虽然视频也能做到这一点，可以用更完整的视觉画面呈现事件，但它建立的视角只有一个，即摄像师和摄影师的视角。视觉效果的目的是提供画面给观众来解读，而不是想象。视频中的声音通常也不够引人入胜，显得亲密性不足。摄像师不会像音频工作者那样思考如何通过捕捉声音来讲述一个故事，而聚焦于声音的记者更知道如何真正倾听周围的环境。夜晚响起的蟋蟀叫声可以拉开一个故事的帷幕，而咬苹果的一声脆响可以是一个新品种苹果报道的完美开场。

> 我喜欢播客，因为播客提供了创作者对某一主题的第一人称主观视角镜头，所以我能够真正理解我所学的东西。
>
> ——马萨诸塞州波士顿的一名十一年级学生

可能听起来有悖常理，但声音的确是具备视觉性的。并且科学证明，要创造出与声音相伴的画面，你的大脑要付出更多。这就意味着，你必须发挥已有的知识才能创造这种心理画面。从你掌握的背景知识中汲取营养对学习至关重要，因为这样的学习对你来说是有意义的，也能对你产生更为深远和持久的影响。换句话说，它可以激发出深深烙印在你身上的情感，让你获得一些直观的感受。

研究音频和广播如何影响注意力和记忆的传播心理学教授埃玛·罗德罗（Emma Rodero）认为，听更需要动脑。毕竟，当你在听，而不是阅读一个故事时，你处理信息的速度必须与信息呈现的速度相当。她告诉《大西洋月刊》（The Atlantic）："音频是最亲密的媒体形式之一，因为你不断地在脑海中建立故事形象，你在创造属于自己的作品……毫无疑问，这是你永远无法从视觉媒体中得到的东西。"[22] 罗德罗的研究还发现，如果故事的讲述充满戏剧性，那么听者就会在脑海里描绘出更加生动的画面。[23]

听如何唤起情感

神经科学家塞思·霍罗威茨说，声音信号会被传送到大脑中，驱动情绪。"声音是情绪最常见和最有力的刺激因素之一。"[24] 对灵长类动物来说，听觉是十分重要的感官，提醒它们注意危险。你可以在百分之一秒甚至更短的时间内完成对声音的处理。在听的时候，你没有时间去设置任何情感障碍，也没有时间去思考听到什么信息时应该有什么感受，你所做的只有去感觉和回应。研究表明，能给人带来最强烈感受的声音就是人的声音。[25] 一声巨响可能会让你从座位上跳起来，但一个人低声和朋友分享秘密的声音会让你直起身来、竖起耳朵。

霍罗威茨说，"任何沟通的首要任务都是先唤起听者的情感反应"。听的情感基础不是文字，而是我们如何说，即所谓的"韵律"（prosody）。这意味着我们要关注的不是文字，而是口头语言的语气、音量、节奏和言外之意。你可能不会说意大利语，但如果你碰到一位意大利母亲因为她的儿子打翻了番茄酱而大声斥责他，那么你可以推断出她在说什么。即便不理解她说了什么，你也能理解她话语里的情绪。

在我们所有的交流活动中，韵律无处不在。我认为我们忽略了自己母语中的韵律的重要性。我们从未要求自己停下来，听一听词语背后的情感含义。我们也很少有机会这么做，因为我们经常用手机发送信息来交流，根本涉及不到韵律问题。

2018 年，常识媒体（Common Sense Media）针对青少年青睐的与朋友沟通的方式做了一项调查。[26] 结果是发短消息的交流方式胜出，35% 的青少年反映，他们喜欢的交流方式是发短消息而不是说话。令人不安的是，在 2012 年，当他们第一次开展这项调查时，多达 49% 的青少年称他们更喜欢与朋友面对面交谈。这意味着青少年用于倾听的时间近年来在大幅减少。这可能会对他们的社交和情感学习产生影响。你是否听过"tone deaf"这个说法？虽然这个说法通常形容一个人唱歌不着调，但是也可以用来形容听不懂他人话语中所蕴含的情绪的人。

**听的
趣味训练**

练习语调

选择一个单词或短语，用不同的情感语气说出来，比如"哦不"这个简单的短语。首先，假设有人邀请你去公园玩或参加学校篮球比赛，你用否定的口吻说出这个短语。然后，假设你发现丢了十分重要的东西之后说出这个短语，比如丢了最喜欢的玩具或是智能手机等。接着，假设你做了不该做的事后被抓到，你脱口而出这个短语，比如晚上到家时已经过了规定的回家时间。你可以拓展多种方式，用不同的语调说同一个单词或短语，尝试改变回应的重音、节奏、音高和应答时机。每次改变语调时，你都在改变话语中的情感含义。

如果你还需要更多的理由才能相信话语中的音调是情感的重要传达方式，那么只要试着对人工智能说："你好，告诉我你爱我。"它就会回答："我爱你。"但是，尽管多年来人们一直在努力使计算机的声音听起来和人类的声音一样，程序员却一直无法使它充满情感。这些虚拟助理可能会说它爱你，但听起来并不真诚。

在教学中，这意味着听在学生和讲述者之间开启了一条情感通道，无论讲述者是在教室里直面学生，还是通过扬声器或耳机传播他们的声音。

倾听话语中的情感对作为听众的学生来说非常重要，有助于建立他们的共情能力。

倾听会引发共情，因为你听到的讲述者的声音和他们的故事可能会让你想起你认识的人，或者让你意识到他们也是人，就像你一样。倾听会引发情感联系，而当人们一起听时，这种情感可以让彼此的心灵更加靠近。情感使我们产生归属感。

归属论指出，人们之所以听情感信息，是出于体验社会联系的愿望。以色列希伯来大学的一项研究显示，听可以减少我们的社会焦虑感，增加我们的心理安全感。[27] 在这项研究中，研究人员将学生两两组队，一人为讲述者，一人为倾听者。在第一组中，讲者被要求讲述对他自己来说有重大意义的故事，例如"跟我讲一下你失去亲人时候的事"。在第二组中，讲述者被要求向倾听者描述一个事件的经过，例如"告诉我你每天早上的惯常安排"。研究人员发现，讲述者能够对倾听者的倾听质量产生影响，原因在于当讲述的是一个有意义的故事时，他们能够更加有效地吸引倾听者投入其中。而当一个人投入一个故事中时，他们内心的安全感会增强，社会焦虑感会减弱。

教师通过与学生分享具有吸引力的好故事，可以帮助他们提高听的能力和共情能力。听可以帮助学生建立社会意识，这是学术、社会和情感学习合作组织（Collaborative for Academic, Social and Emotional Learning, CASEL）提出的社交和情感学习框架中的一项核心能力。[28]

但这还不是全部。普林斯顿大学的一位研究人员发现，当一个人在讲故事时，他的听众的大脑开始活动，与故事建立匹配。神经科学家尤里·哈森（Uri Hasson）研究了我们的大脑如何与声音结合。[29] 他认为，交流、说话和倾听是"由两个大脑进行的同一行为"。哈森使用功能磁共振成像（fMRI）设备，对正在观看一部悬念剧的被试的大脑进行扫描，然后，他要求被试向没有看过这部剧的人讲述剧情，并对听众的大脑进行扫描。功能磁共振成像设备显示，这些听众在他们的头脑中构建出了这个故事。他们的脑电波看起来与讲述者十分相似。哈森称其为"神经振荡同步化"（neural entrainment），即在不同的听众之间产生相似的脑电波。

　　听故事时，你可以闭上眼睛，在脑海中想象正在发生的一切，我很喜欢这种感觉。

　　　　　　　　　　　——加利福尼亚州埃尔克格罗夫的一名五年级学生

你难道不希望做到这样的同步吗？你是否曾经完全沉浸在某人的讲述中或全神贯注于你正在做的事情？上述实验证明，这种现象并不是偶然发生的。大脑耦合（brain coupling）是切切实实存在的现象，你可以通过讲好故事来对它进行控制。

这些研究蕴含无穷的力量。我还在做记者的时候并不了解这一点，但是我知道，通过讲一个好故事，我可以与听众建立情感联结。我的直觉还告诉我，用饱含深情的方式讲述故事，可以帮助听众建立共情。

这些研究意味着，听故事不仅是一种强大的沟通方式，而且还能使一群性格迥异的人更加紧密地联系在一起，增强他们的幸福感，并提高他们的信息保持率（information retention）。这一切使得听成为一种非常强大的教学工具。但归根结底，听是让两个个体建立联结的活动。作为人类，我们来到这个世界所拥有的第一个感官就是听觉，而听觉也是相伴我们走到生命最后一刻的感官之一。临终关怀工作者会告诉你，与弥留的亲人说话是很重要的，即使他们看似已经没有了生命体征。他们会建议你播放你的亲人喜欢的音乐，回忆过去的旅行、家庭聚会，或者读一首诗、一个故事。

在我父亲生命的最后一个晚上，我作为他的汽车前座朗读者的身份永远画上了句号。小时候在长途开车旅行中，我经常坐在父亲身边，大声地给他读报纸。40年后，在父亲身患癌症弥留之际，我再次坐在他身旁，在他的病床前为他讲故事。在他生命的最后一晚，轮到我在他的房间陪护，我的兄弟姐妹们在其他屋子睡觉。回忆那晚对我来说是一件十分艰难的事情，因为眼睁睁看着父亲挣扎着呼吸，我感到非常害怕。但他依然有足够的意识，让我为他朗读他圣诞节收到的《舒尔茨和花生：传记》（*Schulz and Peanuts: A Biography*）这本书。父亲喜欢漫画，令他痴迷的当属《花生漫画》（*Peanuts*）。在父亲的意识时而清醒时而模糊的日子里，我大部分时间都在为他熬夜朗读舒尔茨的生平。有一次，我把书放在腿上睡着了。当我早上醒来时，我看得出来，这将会是父亲的最后一天。这一天，他所有子女都围在他身旁，安静地交谈、讲故事，回忆过去的美好时光。我们每个人轮流与父亲独处，和他说起我们以前可能没有说过的事。我们知道他在听。在他生命的最后时刻与他分享最后一个故事，让这最后一刻凝成永恒。

第 4 章

这样听提升学习能力

Listen
Wise

"现在，把笔记本拿出来。"薇姬大声说道，试图用自己的声音盖住班里 25 名学生喋喋不休的喧闹声。

"同学们，你们在听我说话吗？！"她提高了音量，又一次说道。

随着挫败感不断增强，薇姬发现自己在一遍又一遍地重复同一句话："孩子们，听我说！"

但随后她慢慢意识到问题所在：她没有教过他们如何听，不仅仅是听老师的指令，还包括听她每天上课教授的内容。她每天都站在讲台前告诉学生许多重要的事情，比如复习数学中的分数知识、详细了解水的生命周期、大声读出与"运动"相关的知识等，但是学生真的在听吗？在教学生如何听方面，她做得到位了吗？

薇姬回想了一下，她基本把所有的课堂时间都花在了讲解如何提升写作和数学能力，以及如何理解历史事件和科学概念上。她查阅书籍和资料，了解如何提高学生的阅读能力，她绝不会在没有帮助学生打好阅读基础的情况下让学生"读就是了"。

然而她却经常告诉她的学生"听就是了"。

她决定好好反思一下，如何才能把听的能力教授给学生。但该从哪里开始呢？

激活学习的听觉系统

听力教学比你想象的要容易。通过一些简单的步骤来建立意识、学习策略并将学到的知识加以应用，你的学生将成为优秀的听者。

目前我还没有看到有哪项研究具体统计过，老师因为学生不听话而反复重复自己的话，究竟会浪费多少课堂时间。但可以肯定的是，老师们都会多次解释同一个观点，重复发出指令，并告诫学生要注意听。学生不会听的后果可能是错过重要的概念学习，或者浪费了掌握关键能力所需的教学时间。没有好好听还会产生级联效应（cascade effect）[1]。

与任何其他能力一样，学生的听力水平各不相同。因此，要使学生掌握这一能力，最好的做法就是从建立听的意识开始。听是一项可以学习的能力，这一理念对他们来说可能是新的。毋庸置疑，在生活中他们曾无数

---

① 由一个动作对系统产生影响从而导致一系列意外事件发生的效应。——译者注

次因为不会听而遭到批评。这种批评最初来自他们的照料者或父母，这些人是这场"听战"中的第一批成人受害者。等孩子到了上幼儿园的年龄，这场"斗争"仍在继续。在幼儿园，孩子第一次成为一个大集体的一部分，他们需要听集体的指令。如果他们没有听到老师说"现在该收拾积木了"，那么他们后续可能会面临一系列麻烦。

进入小学阶段，听力的重要性继续增加。在这个阶段，听能让他们顺利完成不同活动之间的衔接，能让他们学会系鞋带，而更重要的是，他们需要通过听来学习知识概念，如乘法、民间故事中的人物特征、动物适应性以及地理特征等。

然而话说回来，学生应该在什么时候学习如何听呢？

研究表明，听力与读写能力、学业成功紧密相关，但在 K-12 课堂上，听力教学却几乎不存在。[1] 缺乏有效的听力课程的前因是针对中小学生的听力策略的研究严重匮乏。极少有研究人员真正花时间去观摩 K-12 课堂来探寻有效的听力策略，大部分的研究都集中于如何让听力在学习另一种语言时发挥作用。

我在 2014 年创办 Listenwise 时，说实话，我并没有想到创办的这家教育科技公司能在帮助学生有效倾听这个领域开辟新天地。我做了 20 年的公共广播记者，坚信 Listenwise 能帮助学生从现实世界的新闻故事和播客中学习。我了解真实新闻是如何报道的，也知道如何将 K-12 课堂中涉及的话题、书本和概念融合在一起。我相信，将策划这些新闻故事作为教师的教学资料，会是吸引学生参与的一个有力方法。并且，我认为听是一个简单易行的途径，每个人都能听。

当时，我并不知道听作为一种能力，极少在学校里被有目的地教授，而且学生在学习中通常很少能接触到可靠的音频资源。人们普遍认为，学生在进入幼儿园时已经具备听的能力，他们是会倾听的，而学校教学的重点应该是阅读、写作和计算。

第一版的 Listenwise 网站收集了几百个测评听力和讨论问题的音频故事。在网站推出后，我们收到了教师们的第一个请求：希望我们能帮助他们更好地教授听力。这时我意识到，Listenwise 除了为学生带来真实的音频故事以外，它更宏大的使命是帮助教师学习如何教授听力。

好消息是，听力是可以教授的，而且可以用引人入胜、妙趣横生并符合课程标准的方式进行。教授基础性的听力可以培养学生的关键学习能力。

听的
趣味训练

改变不良的倾听习惯

帮助学生认识自己不良的倾听习惯，是开启他们改善听力之旅的一个好方法。仅仅通过建立听的意识就能带来行为的改变。教师可以引导学生进行反思。

小学教师可以告诉学生，"听觉"就是一个人用身体感官感知到一个声音。可以让学生闭上眼睛，然后教师开始拍手。告诉学生，如果他们听到了声音，就默默地竖一下大拇指。接下来，告诉学生，当一个人为了理解一个声音而将注意力完全集中在这个声音上时，他的这一行为就是"听"。让学生闭着眼睛解释，他们刚刚听到的声音是什么。让学生解释他们听到的声音，是表明他们关注到了这个声音并理解了这个声音的一种方式。

可以要求学生听并识别他们所处教室里的所有声音。他们能听到暖气或空调的声音、同学们的呼吸声、椅子移动的声音、铅笔的敲击声，以及有人在走廊上走过的声音吗？问问学生是否可以向其他学生描述他们听到的声音。即使是居家学习，学生仍然可以做这个练习，并通过视频会议软件分享，或通过书面回答，甚至把听到的声音画出来。

可以与学生分享 S.L.A.N.T 原则。道格·莱莫夫（Doug Lemov）在《像冠军一样教学》（Teach Like a Champion）一书中向大众推广了这个策略。[2] 这个策略工具可以帮助学生记住哪些行为能够促使他们成为更加积极、优秀的听者。S 代表 sit up（坐起来），L 代表 lean toward the speaker（身体微微倾向讲话者），A 代表 ask questions（提问），N 代表 nod your head（点头），T 代表 track the speaker with your eyes（眼睛看着说话者）。你可以朗读两名学生之间的虚构对话，并要求学生在听的过程中做到 S.L.A.N.T.。你也可以请班上的一个学生和你一起表演这个场景。

学生 1：我很害怕。

学生 2：你怎么了？

学生 1：我们全家要去旅行，但是需要坐飞机。我从来没有坐过飞机，我很害怕万一发生什么事。

学生 2：我喜欢坐飞机。我有一次乘飞机去迪士尼乐园玩，这是我经历的最棒的一次旅行。我们在那儿待了整整一个星期。你现在激动吗？什么时候动身？你们要去哪里？

请其他学生找出学生1主要的顾虑是什么（他对乘坐飞机感到担忧）。提问其他学生，对于学生1所说的话，学生2是否表现出关心（没有，他完全无视学生1的担忧）。学生2有没有回应（有）。如果有，那么他的回答是以学生1为中心还是以自己为中心（他只关注了自己）。学生2无视学生1的担忧，说明了什么（他认定对方所说的话不重要）。

告诉学生，无论他们听谁说话，他们在听的时候都应当遵循S.L.A.N.T.原则，不要仅仅为了回应而听，应当为理解而听。事实上，当我们开始思考自己应当如何回应时，我们已经停止积极地听了。

中学教师可以要求学生思考，哪些行为使他们不能成为优秀的听者，并让他们把这些行为写下来。要求学生分享他们写下的其中一条，看看其他学生是否有类似的行为。然后，请学生建立一个他们认为属于良好听者的行为清单。同样，要求学生分享他们写下的其中一条，并看看其他学生是否有类似的想法。让学生制作个人听力档案，确定他们作为听者的优势和劣势。

认识到听有许多不同的类型是很重要的。无论我们是否意识到，我们其实一直都在为各种目的而听。事实上，我们的听觉从未关闭过，也无法关闭。即使是在睡觉的时候，我们对在半夜惊醒我们的声音也有高度的警觉性；即使有人在拥挤嘈杂的房间里叫你的名字，你也很可能会听到。

帮助学生了解听觉的特点，能让他们明白他们需要集中注意力去听，以便从教学、谈话或其他需要靠听觉学习的机会中获得最大的收益。在学校，你的教学重点应该放在培养学生听的精确性、策略性和批判性上。向学生解释为什么需要聚焦于听的这些特性，帮助他们理解为什么以下类型的听有助于他们成为更好的学习者。

分类训练听的能力

听可以分为几种不同的类型。我参考了他人的研究，明确了哪些是我认为最需要辨识并在学习中使用的类型。[3]这里我会重点介绍 5 种听，并讨论哪些类型适合在学习中重点练习。总的来说，先和学生总体介绍不同类型的听很有必要，以便他们了解自己目前已经具备的听的能力。

辨别式听

辨别式听（discriminative listening）的重点是对声音进行区分。比如，区分现在听到的声音是鸟鸣声还是微波炉的提示音，判断我应该关注这个声音还是直接忽略它。对于任何一个拥有听觉的人来说，这种类型的听得到的锻炼是最多的。我们生来就具备这种听的能力。

通过辨别式听，我们还能够知道有多少人在说话，说话人声音的音调是高还是低，以及他们听起来是上了年纪的人还是年轻人。我们同时也在凭直觉辨识我们所听到的话语中的语气、节奏和情感。我们处理这些信息输入的速度与我们听的速度相同，而在这个过程中我们根本不会去考虑大脑需要哪些技能来做辨别式听。

**听的
趣味训练**

练习辨别式听

如果你在教小学生，可以告诉学生们，你将利用声音带他们前往某个地方来一场虚拟旅行。要求学生把一张纸分为 3 栏，每栏的标题分别为"我听到的""我看到的""这是哪里"。播放你准备好的不同场景的音频，给学生留出时间记笔记。请学生分享他们的推测，然后再展示声音对应的场景照片。

接下来，将学生们带到室外，要求他们听并关注一两种声音，回到教室后，请他们分享他们关注到的声音，以及这个声音的来源。

如果你在教中学生，可以请学生们保持两分钟完全静默。在保持静默的过程中，让他们听教室内外所有他们平时可能不会注意到的声音。要求学生记录他们听到的声音：是否有风扇的声音？是否有另一个班级的同学从教室旁边走过的动静？通过让学生辨识通常不会被注意到的声音，让学生知道他们其实一直都在做辨别式听，而他们平时并不会刻意关注到这个过程。

精确性听

当你向别人问路时，你采用的就是精确性听（precise listening）。你在此听的过程中关注的是一组精确的细节信息。你需要记住这些细节，而且通常要按照听到的顺序来记忆。很多时候，这种类型的听在你提出问题之后发生，所以你已经做好了听答案的准备。学生需要常规性地精确倾听老师的教学。

练习精确性听

如果你在教小学生，可以带学生们玩"我是间谍"的游戏。要求一名学生选择教室里的一个大家都能看到的物体，选定后由该名学生提供口头线索，告诉其他人他发现的这个东西的特性，可以是东西的颜色、大小、形状、位置、质地，以及功能等。你可以在此过程中提醒学生，他们正在听细节，并且他们使用的是自己的精确性听的能力。

如果你在教中学生，可以请一名学生描述从教室走到图书馆或食堂的路线，让学生的讲解尽可能详细。精确语言的使用有助于提高其他学生的精确性听的能力。你可能需要在学生描述的过程中提示其增加一些细节。比如，问学生："当你转向左边时，看到墙上挂的是什么？""从门口到图书馆大约有多少步？"然后请其他学生按照信息出现的顺序复述答案。完成后，评价他们的精确性听的技巧运用得如何，遗漏了哪些信息，这些信息是否会影响理解。

策略性听

策略性听（strategic listening）是为理解实质性信息而进行的听，如听讲座、听广播，是最常使用的学习途径，需要听者能够辨识主要观点、总结信息内容，并基于所听内容做出推断。我们都会经常性地练习这种类型的听。在学校里，学生一天需要接收大量的知识信息，所以他们使用这种类型的听的频次可能是最高的。他们在努力尝试理解听到的信息并建立意义。在进行策略性听时，学习者应当了解掌握主要观点的重要性，只有抓住了主要观点才能对听到的内容做出总结。

**听的
趣味训练**

练习策略性听

任何一个故事都少不了人物、冲突和解决方案等组成要素。如果你在教小学生，可以选择一个 30 秒的故事进行此类练习。请学生把一张纸分成 5 栏，每一栏的标题分别为"某人"（somebody）、"想要"（wanted）、"但是"（but）、"所以"（so）和"然后"（then）。这个练习是根据凯琳·比尔斯（Kylene Beers）针对阅读总结的 SWBS 框架改编的。[4] "某人"是指故事中的一个人物角色，"想要"是指这个人物角色想要做的事情或者想要得到的东西是什么，"但是"是指人物角色面临的挑战或问题，"所以"是指人物角色为应对挑战所做的事情，"然后"是指人物角色所做选择的结果。

首先，完整播放一遍故事，让学生了解故事的主旨。接着，播放第二遍故事，让学生找出所有他们不理解的单词或短语。最后，播放第三遍故事，要求学生听故事，使用他们的 5 栏表格来确定故事中的人物是谁、他们想要做什么、他们面临的挑战是什么、他们是如何应对的以及最后发生了什么。请学生们在班上分享他们听到的结果。

如果你在教中学生，可以在课堂中通过多种方式来练习策略性听。你可以选择任意故事作为素材，要求学生倾听，然后总结材料的主要观点。Listenwise 上有数以百计的单选测试题，通过识别主旨和进行推理等方式来测试学生们的策略性听的能力。你也可以在学生听完一场嘉宾演讲后做一个活动，或者要求学生在朗读完一本书的一章后总结本章内容，并思考本章与故事的其他部分有什么关系。

批判性听

批判性听（critical listening）的过程，就是审视说话者观点和分析其讲话内容的过程。听者试图从说话者的言语中寻找线索，辨别哪些内容是相关的，哪些内容是有证据支撑的。批判性听要求听者在形成、分享观点或用事实回应观点之前仔细评估听到的信息。这可能是最难的听力类型，因为它要求听者针对特定目的进行积极的倾听，并使用高阶批判性思维能力。

**听的
趣味训练**

练习批判性听

如果你在教小学生，可以向学生提出一系列开放式的问题，引导学生给出不同的回答。其中一类问题需要学生基于观点来回答，另一类问题需要学生结合所学内容中的事实来回答。你可以将两类问题混合起来向学生提出，要求学生将一张纸分为 3 栏，分别写上"回顾""反思""回应"。

告诉学生，当他们"回顾"所听到的内容时，他们需要考虑：1.什么让他们吃惊；2.什么挑战了他们的信念；3.什么改变了他们的思考方式；4.什么证实了他们已经知道的东西。

学生"反思"时，需要根据听到的内容考虑自己的感受是什么。

是感到平静还是愤怒？感到自信还是迷惑？同意还是不同意这一观点？

告诉学生，在"回应"时，他们需要思考自己是在回应"观点"还是"事实"。提醒学生，意见分歧是很正常的，同样的问题可能会在每个人身上引起不同的情绪反应。关于事实的分歧可以通过让学生查阅可靠信息来源解决，从而促成更有效的讨论。

如果你在教中学生，你可以引导学生通过辩论来练习批判性听。在 Listenwise 上搜索"辩论"，你会发现很多相关材料，这些材料提供了事件正反两方的观点，可以帮助你开展课堂辩论。让学生就辩论主题选择一方立场，进而批判性地听故事中支持其立场的事实和相关观点。你也可以要求他们判断故事中每一个观点的强弱程度。

欣赏性听

人们都喜欢欣赏性听（appreciative listening）。我们在听音乐、看演出或看电影的时候就是在做这种类型的听。这种听既简单又令人愉悦，而且也不会给大脑施加太大压力。你可以和学生们讨论一下歌曲或电影中的哪些元素让欣赏性听变得如此令人惬意。

听的
趣味训练

练习欣赏性听

如果你在教小学生，你可以提醒学生，在进行欣赏性听时，我们的目的是个人的身心愉悦。可以向学生示范如何播放和调整每一种声音的音量，组合出属于自己的独特的音频。鼓励学生创造自己的组合音频并与班上其他同学分享。请学生解释为什么选择这些声音并做这样的音量调整。

如果你在教中学生，你可以问学生他们最喜欢的声音是什么。你可以先分享你最喜欢的声音，也许是大海的波涛汹涌声，也许是滂沱大雨的哗哗声。和学生讨论为什么喜欢这种声音，这个声音唤起了什么记忆，其带给人快乐的真正元素是什么。告诉学生，当他们进行欣赏性听时，其实是在搭建情感联结。

听是一项能力，它不属于任何学科的课程内容组成。我在加利福尼亚州当老师，该州根据《共同核心州立标准》列出了与K-12 阶段的口语和听力有关的 6 个标准，听力的重点为总结关键要点、识别说话者提出的主张，以及准确指出用于支持主张的理由和论据。

在教学时，一开始我会选择一个很吸引人的简短音频故事播放给学生听。今年我使用了新闻故事《偷窃亨氏番茄酱，小偷追悔莫及》（*Repentant Thief Regrets Swiping Heinz Ketchup*）。在 Listenwise 上，这个故事被命名为《偷番茄酱的贼》（*The Ketchup Thief*）。这个故事只有 26 秒，但是有人物、有冲突、有解决方案，还有一个曲折的结局。

我对学生说，下面我们要听一个 26 秒的故事，第一遍听的任务是确定故事的主旨。听完后，我问他们觉得这个故事长不长。所有同学都觉得，与他们过去阅读的故事相比，这个故事听着很短。

听完第一遍后，我请学生们分享他们印象最深刻的内容。有几个学生讲出了一两个要点，其余学生则沉默不语。我请他们停下来反思一下自己的想法。他们知道要听的是什么吗？一个26秒的故事是否含有太多需要一次性处理的信息？学生们都很喜欢这个故事，却纠结于最重要的信息是什么。

于是我们会再听一遍这个故事，这次会使用一个信息结构图来帮助学生们聚焦关键点。我们使用的工具是根据凯琳·比尔斯设计的SWBS框架改编的，每一栏的标题分别是"某人""想要""但是""所以""然后"。

我向学生强调，他们应该留意去听故事中出现的任何一个试图得到某样东西的人物（某人、想要）。接下来，他们应该关注这些人物在追求目标的过程中面临的挑战（但是）。他们的选择将是对他们所面临挑战的反应（所以）。最后，关注这些人物所采取行动的结果是什么（然后）。

根据以上提示，第二遍听的时候，学生们已经很清楚自己要听的是什么。他们会时不时暂停、后退、重听部分内容，并与其他同学讨论他们的想法。学生们前后的转变几乎是立竿见影的。他们不再是被动地听，而是有明确目的地听，会主动深挖一段音频材料的观点和事实。

当我们第二遍全班一起讨论这个故事时，学生们已经做好了充分准备，开始谈论人物、面临的挑战、事件的前因后果，甚至根据他们听到的内容做出推断。通过使用"某人、想要、但是、所以、然后"这样的工具来深挖一段音频，我教会了我的学生如何去看待听这件事，而不是仅仅让他们了解某一段音频讲了什么样的故事。为了将学生培养成终身学习者和具有批判性思维的人，我们必须明确教授他们如何使用精心挑选的工具和策略来听。

——吉姆·本特利（Jim Bentley）
加利福尼亚州埃尔克格罗夫的五年级教师

将听到的信息视觉化

每个人都喜欢听好故事。你可以看到人们在听故事的时候会竖起耳朵、身体前倾，期盼着听到一个精彩纷呈的故事。把一个好故事大声讲出来，哪怕是最不喜欢读书的人，也能立刻被它的魔力吸引。不过，虽然讲故事很重要，但学者们不断强调，"我们需要将注意力拉回来听故事"。[5]这在现场讲故事的情境下尤其如此。在这种情况下，讲故事者会对好的听众做出反应，听众会影响讲故事者的表现。

Listenwise 平台打造的听力课堂深深扎根于研究，这些研究表明，每个人都喜欢听精彩的故事。希伯来大学的一项研究发现，有证据表明，口头故事的质量会影响听的质量。换句话说，"故事决定听"。[6]在另一项针对故事听众的研究中，研究人员发现，视觉化是听故事过程的核心。"将正在发生的事情视觉化"是成为优秀听者的首要策略。[7]

我认识到，听故事能极大地提高学生的视觉化能力。这些真实的声音为学生提供了丰富的描述性材料，让他们可以想象，使他们离事实和知识更近。

——卡拉·尼尔曼（Kara Nierman）
罗得岛州文索基特的七年级教师

教师在学校里是学生关注的焦点。教师如何传递信息，如何做出听的示范，将对学生产生很大的影响。学生一直都在听教师说话，也许并不总是积极专注的，但他们确实在听。用故事吸引他们，带给他们情感上的安全感，可以帮助他们提升听的能力。

但这份重任不一定要完全由教师来承担。播客、有声书和当地公共广播电台为你提供了无数个引人入胜的音频故事。

来自公共广播和播客的音频故事通常充满了真实发生的事件和当事人对事件的不同看法，使得这些资源对学生具有极大吸引力。如果我们想践行前面提到的希伯来大学的研究发现，那么我们就要大力提倡利用描述性的故事来进行教学。

将听到的信息进行分解

将布鲁姆分类法（Bloom's taxonomy）应用于听力教学是一个很好的选择。布鲁姆分类法于 20 世纪 50 年代提出，旨在促进教育中的高级思维形式的发展。[8]

多年来，该分类法被其他人不断修订更新。在每次进行听力练习后，可根据布鲁姆分类法向学生提出一系列问题，以发展学生的思维能力。通过问题，可以考查学生能否记住故事中的某个细节，是否能够理解故事的主旨，能否把在故事中听到的内容举一反三。

在 Listenwise 平台上，每个音频都配有 4 ～ 6 个根据布鲁姆分类法设置的不同层次的听力测评。Listenwise 还针对每个故事提供了相关的讨论问题，促进学生高阶思维能力的培养。这些问题要求学生分析、整合或评价故事中的观点，并将这些观点应用于他们自己的实践中。

不少人认为，听力只应在小学阶段教授，因为这个阶段的学生更适合听故事。我要说的是，不要让这些想法限制听力教学！所有孩子，无论年龄和年级，都可以而且也应该学习如何成为有效的听者，并继续发展和应用他们的能力。

玛丽·亚隆戈（Mary Jalongo）是《学会听，从听中学习》（*Learning to Listen, Listening to Learn*）一书的作者，她将有效的听定义为"无论在什么情况下都能准确接收信息并进行恰当解读"。亚隆戈指出，将听贯穿于一日教学活动乃至整个课程，是培养有效听者的最佳方式。我们每时每刻都在听和学习，我们的学生也应该如此。[9]亚隆戈认识到，听有时比阅读更难，因为听时你必须得跟上说话者的节奏，你无法预览说话人将要说的内容，也不能回头去重温，而且通常也不会有文本供你同步阅读。

如果你在中学里教授"酸和碱"这一知识点，你可以用一个引人入胜的故事做引子，向学生解释现实世界中碱转化成酸时的真实效果。比如，找到音频报道《酸化海洋正在毁灭贝类产业》（*Acidic Oceans Dissolving Shellfish Industry*），让音频把学生带到浩瀚的海洋上，和渔民一起登上一艘牡蛎船。这个报道讲的是贝类养殖业的故事，讲述了海洋酸化如何伤害牡蛎的繁殖能力。通过这样的故事来开启一个新的单元，能让学生明白新单元的主题与他们自身以及他们所吃的食物之间有什么关系。在故事中他们能够听到渔民、科学家和从事贝类养殖产业的商人们的声音和观点。学生也可以从中获得关于渔业的重要背景知识，了解气候变化对这个产业带来的影响。

**听的
趣味训练**

听力教学分解策略

将听力活动分解为听前、听中、听后能有效促进听力教学。下面是我为听力教学提供的分解策略。

▶　　**听前**

设定目标：为每项听力活动设定一个目标或目的，这一点非常重要。明确目的能为学生提供指导，让他们知道应该把重点放在哪里，从而帮助他们获得成功的体验。[10]

建立背景：通过询问学生与主题相关的个人经历，帮助学生将他们已经知道的内容与他们将在音频故事中听到的内容联系起来。提醒学生听之前需要提前了解的内容，预习词汇，请他们思考已有的相关知识，预测故事的主题，或通过其他方式积极做好听故事的准备。

准备环境：如果需要使用外放设备向学生们播放音频故事，那么尽可能保持家里或学校环境的安静，以减少干扰。可能的话，使用耳机来收听。

介绍听力策略：介绍有效的倾听工具和策略。

▶　　听中

笔记策略：学生在听故事的过程中，可以使用听力信息结构图帮助他们聚焦材料中的重要观点和细节，从而加深理解。听力信息结构图可以是 T 形图、韦恩图，或者直接用一张白纸来记录故事中人物的行动。这种结构图可以为学生做笔记提供指导，帮助他们集中精力去听，并教给他们加深理解的可迁移策略。

问题解决策略：如果学生不理解某个单词或概念，他们可以利用故事中的线索进行猜测。如果学生在独立进行听力练习，他们可以暂停音频去思考，或者根据需要重复收听，以达到最佳的理解效果。他们可以成为"问题解决型听者"。这些策略应在学生开始听之前教给他们，并在必要时提醒他们使用。

▶　　听后

对音频故事进行反思：聚焦关键理解目标，让学生把从故事中学到的东西加以融会贯通。例如，要求学生以书面形式回答听力问题，然后与伙伴分享他们的答案。讨论故事中的关键主题，鼓励学生建立该材料与其他文本或现实经验之间的关联。学生可以通过写作、对话、录制自己的发言等方式中的一种或多种来回答基于故事的提问。

　　虽然听和阅读都需要具备理解能力，而且其中的许多能力是重合的，但这些能力的应用在不同的情境下会有一定的差别。例如，学生需要练习如何识别和总结音频故事中最重要的观点，因为音频故事的组织方式可能与纸面故事不同。而练习识别一个音频故事的主旨，也将有助于学生学会在阅读时找到书面材料的主旨。

与书面文章的结构不同，音频故事中的自然语音通常不会有明确的主线，观点的呈现也不是按照线性发展的方式。当学生在听说话人叙述时，他们可以依照话语的语气、节奏和强调的重点做出推断，并确定说话人的观点。

关于听力的评估方式，Listenwise 网站上就有可自动批阅的在线听力测试。学习者完成测试后，可以在控制面板上跟踪他的水平和进展。随着听力评估方式的改进，我们已经开始更多地关注听力的 3 个核心组成部分：识别主旨、理解字面意思和进行推理。我将在后面的章节中更详细地介绍如何评估听力。

开发听的元认知

如今，许多学生在学习外语时会进行听力测试。但他们很少会注意到或者去测试自己母语的听力。

人们普遍认为，如果没有密集的听力练习，那么一个人是无法学会讲另一门语言的。外语课上的"听力练习"是学习听力的常见方式。

听可以帮助人们在语境中理解词语的含义，可以让人们听到以前可能只在书面材料中看过的词语。听可能是理解一门陌生语言的最好练习。

针对如何培养良好听力的研究，关注点几乎全在外语学习，而关于提高母语听力的研究少之又少。

在这个以视觉为主的世界中，培养听的能力是非常具有挑战性的。

——莉萨·戈德曼（Lisa Goldman）
马萨诸塞州沃波尔的七年级社会学教师

元认知听力研究者劳拉·贾努西克（Laura Janusik）和肖恩·基顿（Shaughan Keaton）说，关于外语听力策略和能力的研究已经"蔚然成风"，而母语听力研究方面却没有可与之比拟的策略和评估方法。他们想看看用于在外语场景中评估听力的方法是否也适用于母语。[11]

有必要先分析一下认知听力和元认知听力之间的区别。认知听力关注的是听力中的理解或领悟的成分。贾努西克解释说："认知听力帮助人们获得理解，而元认知听力则帮助人们监测听力过程。"

帮助学生发展听力的认知和元认知技能都非常重要。例如：在听完一个 3 分钟的故事后，能否理解故事的内容并提炼主要观点，这属于听力的认知技能；能否利用上下文来破译生词的意思，属于听力的元认知技能。

我重点关注的是听力的元认知技能如何帮助学生成为更好的听者。我们帮助学生了解他们在倾听时的心理过程，并反思自己倾听的过程。在听的过程中使用这些自我监控策略，能够让学生认识到自己的能力。

贾努西克和基顿对外语学习中听力的元认知策略进行了测试，看它们是否在母语听力场景中也能发挥作用。在研究中，他们开发了一个新的工具，即贾努西克 – 基顿听力元认知策略工具（Janusik-Keaton Metacognitive Listening Strategies Instrument，MLSI）。[12]

**听的
趣味训练**

听力元认知策略

为了让学生意识到他们的听力元认知技能，可以在听前与他们一起回顾以下 3 种策略。告诉学生，他们在听的时候会用到的听力元认知策略工具（MLSI）包括：问题解决、规划和定向注意。

▶　　问题解决

对于听到的每一个单词或概念，学生并不一定全都了解。他们可以猜测一些单词的意思，看看是否讲得通。告诉学生可以采取猜测的方法，利用故事的主旨来理解不懂的单词和概念。培养他们成为"问题解决型听者"。

▶　　规划

为听设定一个目标。这不是告诉学生如何去听，而是告诉他们听的时候应该关注哪些观点、细节或词语。在他们不断提升听力的过程中，帮助他们确定可实现的听力目标很重要。在听完之后，评估他们是否达到了这个目标。要求他们反思和评估自己的听力。

▶　　定向注意

告诉学生，听的时候出现思绪飘忽不定的情况是很正常的，但他们需要把注意力拉回任务。你可以使用笔记策略或信息结构图来引导他们。告诉他们，听是一项处于不断发展变化之中的任务，即使中间出现了理解上的差错，他们依然可以根据听到的内容做出调整，修正自己的误解。

优化听的教学环境

要在理想的听力环境中进行教学，很多时候并不容易实现。大多数课堂环境几乎都与理想环境相去甚远。教室里通常很嘈杂，走廊上的声音让人分心，而且经常有广播的干扰。在远程教学中，你也无法控制学生的家庭学习环境。

尽管我们对环境的控制能力有限，但是为了让学生在练习听力时能够尽可能地集中注意力，我们有必要创建更好的听力环境。在进行专门的听力活动时，你可以关上教室门减少干扰，也可以把灯调暗，降低学生可能受到的视觉干扰。在不需要记笔记的时候，可以请学生闭上眼睛去听。如果学生是自行收听播客，那么他们可以戴着耳机坐在书桌前听。如果你在使用 Listenwise 网站，那么你可以让学生统一看向教室前方你正在展示的交互式听力文本，你还可以在他们听的时候向他们展示一张与内容相关的图片。因为听力活动很容易由学生独立完成，所以在混合课堂中开展听力活动效果非常好。

但我们无时无刻不在听，所以在各种不同的情境下练习听，将有助于学生训练注意力，培养他们在不同环境中都能有效倾听的能力。

因此，鼓励学生一边做其他活动一边做听力练习，也是一种练习听力的好方法。事实上，鉴于听力活动具备的高度灵活性，我们的大部分听力活动都是在做其他事情时完成的。许多高年级的学生都有智能手机，可以下载和存储播客内容。这意味着学生可以在听的时候起身活动。你可以把学科知识相关的音频故事融入体育课堂，也可以给学生布置在步行或乘车回家路上就能做的听力作业。

我在进行线上教学。我在 Listenwise 上布置的所有作业，学生的完成度都接近 100%！

——艾琳·加尔扎（Eileen Garza）
加利福尼亚州科尔顿的高中英语教师

近几年，教师和学生用于听的时间都增加了。如今的学生需要花更多时间在线学习，盯着电脑一看就是好几个小时，因此教师们更青睐那些不需要看屏幕或者打字就可以做的活动。老师们告诉我，他们在远程教学期间布置的听力作业完成率更高。当学生被缩小为视频会议软件上的一个小窗格时，听可以让他们的眼睛得到放松。同时，听也搭建了一条情感的纽带。在这个学生们普遍感到彼此之间割裂和疏离的时期，让他们听他人的故事，感知蕴含在声音里的情感，体验他人的视角，能够让他们感受到人与人之间千丝万缕的联结。

第5章

这样听促进阅读理解

Listen
Wise

薇姬有个学生一直在为阅读挣扎。这个学生名叫艾莎，是个聪明的孩子，有很好的专注力。在听老师朗读完一段话后，她总是第一个举手回答问题。她通常都能理解她所读的书的大意。

但是，当薇姬在课堂上要求艾莎朗读一段文字时，她就会显得很吃力。她常常会省略词语或者加入一些词语，有时还会在朗读时添加不存在的前缀和后缀。

薇姬请教了阅读专家，专家为艾莎做了阅读障碍测试，但是测试结果并不确定艾莎是否有阅读障碍。她告诉艾莎放慢速度去读。艾莎在课堂上表现得不错，所以薇姬不是很担心。但仍有一些东西妨碍着艾莎，使她无法成为一个完全熟练的阅读者，薇姬不知道怎样才能帮到她。

薇姬记得，当她让全班同学一起听播客，并一起朗读文本，然后回答听力问题时，艾莎表现得很出色，她答对了所有的问题。也许这就是帮助艾莎成为优秀阅读者的关键——用听促进阅读。

听与读结合的力量

好的听者也会成为好的阅读者。研究表明，听力与早期读写能力发展关系密切。[1] 根据研究，学习者读写能力的真实水平是由阅读能力和听的能力共同决定的。[2] 但并非所有人都了解这种联系有多么密切。

我的女儿遇到了与艾莎类似的挑战。她苦苦挣扎，想要达到与其他同学相当的阅读速度。阅读比较短的单词时她没有问题，但在面对复杂的语音挑战如多音节单词时，她就会力不从心。她朗读时经常会跳过一些词语，而且经常读错字。例如，她把 like（喜欢）一词读成了 lick（舔）。随着年龄的增长，她有时也会把简单的单词念成一个更加复杂的单词，比如把 recent（最近）这个词读成 reception（接待）。她并没有意识到这样读意思是讲不通的，而且她读错单词时自己常常浑然不知。

她做过阅读障碍测试，去看了一位眼科专家以排查眼动跟踪的问题。对于她的阅读问题的诊断，我们采用的是排除法，先确定不属于什么症状。结果显示，她不是典型的阅读障碍患者，也没有眼动跟踪问题。她开始定期接受额外的阅读辅导。但后来在家里发生的一些事引起了我的注意。

作为记者，我无论在厨房还是在车里，选择的背景声音永远都是新闻广播。在很长一段时间里，我根本没预料到我的两个女儿会和我一起听新闻。随着年龄的增长，她们有时会问一些关于某个新闻报道的问题，她们对一些复杂话题的深刻理解让我大吃一惊。直到我的小女儿上了三年级，我才知道听的能力和阅读能力之间的紧密联系。那时她已经开始问我一些和她在美国国家公共广播电台听到的故事有关的非常复杂的问题。她通过听广播故事学到了一些高难度学术词汇，并且理解了这些词汇。而如果我给她的是广播故事的打印稿，那么她应该是无法读懂的。里面的句子和单词对她来说都太复杂了。这一发现促使我想给她听更多的有声书和播客。这些音频帮助她掌握了她需要学习的概念和知识，让她有机会了解她无法通过阅读书本掌握的内容。我帮她选择了和学校课程内容相辅相成的一些新闻故事来听，这样她就可以信心满满地参与课堂学习了。

认识到听和读之间千丝万缕的联系，给了我创办 Listenwise 的动力，因为我已经看到听播客带给我女儿的帮助，我相信它能帮助到更多的人。我曾征得女儿老师的同意，进入课堂和全班同学分享了一个音频故事。这个故事我只播放了一次，但学生们已经记住了其中的关键信息，并做出了文本以外的推断。这个故事是为成人读者写的，而学生们却能够达到如此高的理解程度，这让我对他们的能力大为吃惊。离开的时候，想到音频故事在吸引学生参与课堂和辅助教师教学方面的巨大潜力，我感到非常兴奋。这次经历好似点燃了我的激情，促使我把对音频的热爱带入教育。

儿童是天生的听者。只要他们没有听力损伤，那么他们从出生那一刻起就开始了听觉之旅。他们每时每刻都在吸收和学习。儿童在学校里学习如何阅读，这是他们需要学习的最重要的能力之一。阅读能力是判断儿童在学校期间和未来在职业生涯中能否取得成功的一个重要预测因素。[3] 然而，在 K-12 阶段的学校中，作为与培养读写能力密切相关的听力教学在很大程度上被忽略了，事实上，听力与读写能力和学业成功都有着紧密的联系。[4]

T. G. 斯蒂克（T. G. Sticht）和 J. H. 詹姆斯（J. H. James）研究发现，有充分的证据表明，在中学之前，儿童每个年龄阶段的听力理解能力都超过了阅读理解能力（图 5–1）。[5] 这项研究的被引频次极高。这一结论被《共同核心州立标准》的英语语言艺术标准用作背书，说明为什么如今对听力水平的评估是《共同核心州立标准》的一个主要标准。即使是没有使用《共同核心州立标准》的州，也将听力纳入了其课程标准组成。

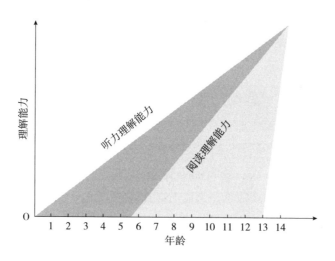

图5–1　听力理解能力在儿童发展早期超过阅读理解能力

资料来源：Sticht and James.[6]

对于通过听力练习来提升阅读能力，人们已经有了一些行之有效的方法。其中一个方法是由印度学者布里吉·科塔里（Brij Kothari）发现的，他试图以此提升印度民众的识字率。[7]

在过去的 20 年里，印度识字人数的比例有所提高，部分原因是科塔里将听和读联系了起来。科塔里知道，数以百万计的印度人每天都会观看宝莱坞电影，并跟着朗朗上口的歌词一起唱。如果每次电影播放时，这些歌词也出现在屏幕上，那么观众就会附带着进行阅读。戏剧性强、词句重复多的歌曲尤其有效，因为观众会多次看到重复出现的词语。正是因为科塔里的研究，如今电视上播放的许多宝莱坞电影都添加了同种语言字幕（Same Language Subtitling，SLS）。科塔里说，用歌曲学习比用任何对话都要好，因为观众可以预测到后面的歌词，而且歌词有很多重复的内容。科塔里创建了非营利组织"阅读星球"（Planet Read），后来在多项研究中证实了他的观察。科塔里和其他研究人员在印度一所小学开展的一项研究发现，10% ～ 15% 无法读懂五年级课文的儿童，在接触带字幕的宝莱坞电影两年后，便能够阅读这些课文了。[8]

把听和读结合起来能够带来更好的结果。科塔里总结说："同种语言字幕的使用使阅读练习成为一个偶然、自动和下意识的过程。"

使用视频中的字幕和边看文字边听的方法在外语学习中更为普遍。我记得我在中学法语课的实验课堂上使用过这种方法。我们会单独坐着，头戴耳机，人手一部录音机，一边听一边读故事。我们必须手动倒带或快进，重复收听难懂的片段或者跳到前面去。

教师们已经意识到了边听边读的好处，因而这种方法已经走出了实验室，进入了主流课堂；使用的设备也从录音机转为网络应用。边听边读可以让学习者认识单词，包括单词的拼写和发音，并听到自然的节奏。

在一项研究中，研究人员要求一年级学生在听一个故事的同时跟着阅读这一故事的文本。当听到的单词与书页上的单词不一致时，他们是能够发现的。研究者玛格丽特·麦克马洪（Margaret McMahon）由此发现，阅读和倾听会联合激发相同的认知过程，是相同的统一任务。[9]

出于这个原因，Listenwise 网站上的每一个播客音频都配有可用于同步阅读的互动文本。虽然一些教育科技工具为阅读文本配套了计算机合成的音频，但为真实的音频配备交互式文本，在教育资源中是不常见到的。教师们向我们反馈，他们切切实实看到了互动式文本对阅读能力的促进。

读写能力中的缺失环节

许多人简单地将语言读写能力等同于阅读能力。美国国家教育统计中心（National Center for Education Statistics，NCES）对语言读写能力给出的定义是"利用印刷和书面信息参与社会事务，实现自己的目标，并发展自己的知识和潜力"。[10] 但这个定义现在已经发生了变化。当前的理论将语言读写能力看作语言的 4 个领域的整合，即听、说、读、写的整合。《共同核心州立标准》中的英语语言艺术标准指出，学习者应该在听、说、读、写方面为进入大学做好准备，这 4 个方面构成了"个体的综合素养"。[11]

> 研究表明，阅读和听力之间有明显的关联。
>
> ——蒂莫西·沙纳汉（Timothy Shanahan）
> 伊利诺伊大学芝加哥分校语言读写中心主任

阅读是决定学习者能否获得成功的一个关键能力。这就是学校为什么把相当多的时间和资源都花在对学生阅读能力的教授和提高上。然而，数以百万计的学生在通往熟练阅读者的道路上苦苦挣扎。在以阅读教学为重点的低年级阶段结束以后，他们中有的人会无声无息地落在别人后面，因为随着文本难度的增加，他们无法跟上学业中的阅读要求。无数个像你一样的老师可能正在为如何帮助这些学生而苦恼。

如果学生不能成长为熟练的阅读者，那么无论是对学生自身还是对整个美国来说，后果都很严重。一份名为《双重危险：三年级时的阅读能力和贫困如何影响高中毕业率》（*Double Jeopardy: How Third-Grade Reading Skills and Poverty Influence High School Graduation*）的研究报告指出，孩子如果四年级前还未成为熟练阅读者，其高中辍学的概率将是普通学生的 4 倍。[12] 报告中还引用了多项研究表明高中辍学对个人和经济发展的影响。

我非常了解这些统计数据，因为 2009 年我在波士顿公共广播电台担任记者时，针对高中辍学率激增的现象，做了名为《辍学项目》（*Project Dropout*）的系列报道并获奖。该系列报道探讨了学生没有获得高中学位的原因和后果。这些后果包括持续终身的低薪水、社区税收的减少以及从健康保险到监狱费用的社会服务支出的增加。在美国，2018 年有 210 万高中生辍学，这是美国联邦政府发布的统计数据。[13]

回头再看我当时写的报道，几乎不用改动就能适用于描述我们当前依然存在的辍学危机，因为时至今日这种情况并没有多少改观，实在令人扼腕。学生生涯挫败的种子往往就埋在阅读能力的缺位中。

2019 年的美国国家报告卡（Nation's Report Card）显示，只有 35% 的四年级学生在美国国家教育进展评估（National Assessment of Educational Progress，NAEP）中阅读水平达到或超过熟练程度。[14] 2019 年的 NAEP 四年级学生阅读平均分数比 2017 年的数据低了约 1 个百分点（图 5-2）。

我们的学生正在退步。

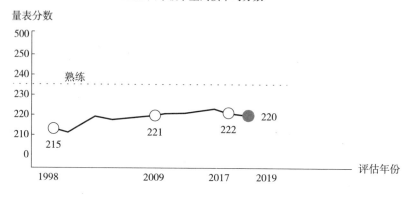

图5-2　四年级学生在NAEP中取得的阅读分数趋势

资料来源：NAEP Report Card: Reading, The Nation's Report Card.[15]

这一评估所呈现的趋势是，虽然阅读教学一直在创新，但是20多年来，学生的阅读分数基本没有什么变化。

我相信听是语言读写能力中的缺失环节。如果我们投入更多的时间来培养学生的听力，那么我们就有可能解决广泛存在的阅读缺陷问题。

对听的培养开始得越早越好。读睡前故事一直以来都是我和孩子们用于结束一天的重要环节。或许当一天结束时，我们已经筋疲力尽，准备匆匆忙忙地看完故事后让孩子们上床睡觉，因此而忽略了在为孩子们读书时帮助他们发展重要能力。

非营利组织"儿童阅读推广计划"（Reach Out and Read）鼓励看护者从孩子婴儿时期起就为其朗读，为他们的语言发展做好准备。研究表明，朗读可以帮助孩子认识声音和字母，学习新单词，成为更好的听者，并了解什么是故事。[16]

只要你的孩子愿意听，就给他们读书。朗读的过程就是让他们浸润在词汇、语言结构和概念中的过程。

——克丽丝廷·惠勒（Christin Wheeler）
马萨诸塞州布鲁克莱恩的阅读专家

被广泛引用的"简明阅读观"（simple view of reading）认为，阅读理解有两个基本组成部分：字词识别与解码和听力理解（图 5–3）。[17] 学生阅读理解能力的差异在很大程度上可以通过他们的字词识别与解码能力（将文本转化为可诵读单词的过程）和听力理解能力（从语言中获得意义的能力）来预测。字词识别与解码和听力理解都很重要，单凭这两项中的某一项都不足以让学生成为良好的阅读者。

图5-3　字词识别与解码和听力理解是阅读理解的基本组成部分

资料来源：MetaMetrics.

我们已经有单独评估字词识别与解码能力和单独评估听力理解能力的方法，因此我们可以通过观察这些不同的组成部分来更好地了解学生的阅读理解得分。在阅读方面，如果一个学生的字词识别与解码能力较弱，但听力理解能力处于平均水平，那么这个学生有可能存在阅读障碍。而一个字词识别与解码能力达到平均水平但听力理解能力较弱的学生则可能会被认定为理解困难者。

以上两种情况都属于阅读困难者，但产生的原因并不相同。如果一个学生在这两个方面都很弱，那么这个学生就被称为普通阅读困难者

（garden variety poor reader）。（图 5-4）

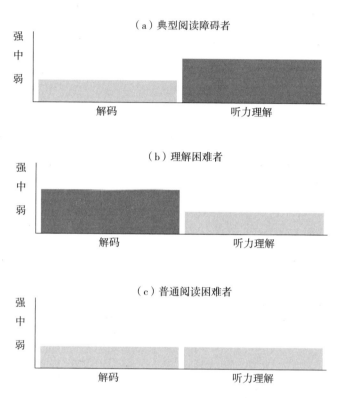

图5-4　"简明阅读观"视角下的阅读困难

资料来源：Listenwise, adapted from MetaMetrics.

听和阅读之间的重要关系

随着学生年龄的增长和解码能力的提高，听力理解能力的重要性也会相应增加。根据《教育心理学杂志》（*Journal of Educational Psychology*）

的研究，我们可以通过分析学生的听力理解能力来解释三至五年级学生阅读理解力的独特变化。[18]

多年来，尽管 P. B. 高夫（P. B. Gough）和 W. E. 腾莫尔（W. E. Tunmer）的"简明阅读观"理论得到了实证研究的支持，但相对而言，人们对通过提高听力理解能力以改善阅读理解能力的关注还很少。但随着"读写能力是 4 个领域语言综合能力的体现"这一观点越来越普及，人们对于听的关注越来越多。此外，《共同核心州立标准》也要求教师"有意识地使用技术和数字媒体来提升（学生）的听说读写能力"。

美国马萨诸塞州综合医院健康专业研究院的研究人员蒂法妮·霍根（Tiffany Hogan）博士发现，从小学高年级开始，听力理解成为主导阅读理解的重要因素。[19] 她与同事研究发现，听力理解问题是导致四年级及以上学生出现阅读困难的主要原因。[20]

霍根发现，长期来看，随着儿童逐渐成为更熟练的阅读者，听力理解的重要性也不断增加。解码对阅读理解仍然很重要，只是一旦孩子们掌握了解码方法，阅读就不再是一个潜在的障碍。事实上，到了八年级，"阅读理解能力的所有确切差异都可以通过听力理解因素来解释"。

听力理解能力差的孩子可能拥有达到平均水平的解码能力，因此不会被认定为阅读困难者，因为他们可以掌握文本主旨、做出推断并理解成语，但是他们真实的阅读能力依然不足。

蓝思阅读测评体系的创建者 MetaMetrics 公司有一项新研究证实，随着学生阅读理解能力的发展，解码能力在阅读中的权重下降，而听力理解能力在阅读中的权重则出现了上升。图 5–5 说明了这一点。

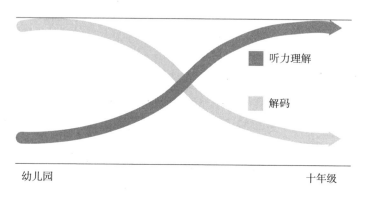

图5-5　听力理解与解码的权重

资料来源：MctaMetrics.

　　听力从孩子出生起就十分重要。然而，在低年级时期，学生所阅读的文字往往结构简单，涉及的词汇通常都是孩子口语中熟知的词汇，听力的作用在此时未完全显现。早期了解学生的优势和劣势是很重要的，所以对听力和解码能力进行练习和测试十分关键。理解能力低下的学生的词汇解码能力可能存在缺陷，但他们的这一缺陷可能一直被忽视，直到后期他们面临与口头语言差异更大、更加复杂的学术文本时才显露出来。当文本涉及的概念更加复杂，需要学生掌握更多的学术词汇和背景知识才能理解时，他们往往就会落后。

　　到了四年级，学生学习的课程内容会更加强调通过阅读来获取事实和观点，而阅读教学此时通常都会放缓甚至停止。许多教师不知道该如何帮助有阅读困难的学生，除非教师具备语言或阅读教学的相关背景知识，否则那些因为阅读理解问题而落后的学生会让他们手足无措。这其实是让学生进行听力训练的绝佳机会，但这样的机会往往没有得到充分利用。教师应该通过在教学中加入更多的听力练习帮助遭遇阅读困难的学生。

在这一阶段，没有掌握解码能力的学生仍然可以通过听被大声朗读出来的故事来发展语言能力。《语言和读写能力发展手册》（*Handbook of Language and Literacy Development*）的编写者安德鲁·比米勒（Andrew Biemiller）指出："有充分的证据表明，对大多数儿童来说，他们的书面语言理解能力在三年级以后仍然落后于口头语言理解能力。"[21] 他引用的大量研究数据表明，平均而言，儿童在七年级或八年级才能达到与听力水平相当的阅读水平。

听为提高学生的语言能力提供了一个途径，使复杂的观点更容易被学生接受，并让他们有机会接触不常见于他们日常对话中的词汇和语言模式。例如，有的学生可能能够听懂《堂吉诃德》的故事情节和人物发展及其心路历程，但在阅读时却无法独立完成词汇解码，无法理解文本。

美国早期读写专家委员会（National Early Literacy Panel，NELP）在2008 年的研究发现，幼儿的听力和阅读理解能力显著相关。[22] 在 2018 年的网络研讨会上，读写专家蒂莫西·沙纳汉解释说，许多研究表明，儿童的早期语言发展（包括听力）与后期的阅读能力之间存在着广泛和显著的关联。[23] 鉴于听力和阅读之间的紧密联系，提高听力理解能力无疑会带来阅读能力的增强。然而，这一领域的研究明显不足，部分原因是缺少有效、可靠的听力理解评估方法。

鉴于听力和阅读之间的必然关系，我们没有必要等进一步证明这种关联的确切研究出现才行动。对于有阅读困难的学生，我们可以使用更多基于音频的资源来教授词汇、背景知识和课程内容，这对他们来说是一个巨大的机会。

我女儿的例子就能说明，如果有阅读困难的学生能得到更具针对性的听力理解干预以及定期的听力练习，其会从中获得更多益处。在她上五年级的时候，我们停止了额外的阅读支持，她的学习成绩不断提高，直到成为一名优等生。我认为问题已经自行解决了，但她的阅读困难并没有消失。虽然她并未成长为一名理想的熟练阅读者，但她具备理解句子结构和语言的认知智能，能够理解内容，她也在不断弥补语音处理方面的不足。

听在阅读教学中的应用

随着有声书的日益盛行，近年来出现了一场激烈的辩论：听书是一种捷径吗？或者说，听书和看书一样吗？这个问题涉及阅读和听之间的基本异同。

> 我有三分之二的学生认为，在阅读课文之前先听一个与课文
> 中事件相关的故事有助于他们更好地理解这一事件。
>
> ——斯科特·佩特里（Scott Petri）
> 加利福尼亚州瓦伦西亚的高中历史教师

我们知道，朗读和听播客让复杂的观点变得更易被儿童理解，能让儿童接触到日常会话以外的词汇和语言模式，同样也有助于他们在独立阅读时理解书本的结构。并且由于学生经历了有阅读教学的小学阶段以后，他们的阅读问题可能仍旧存在，所以对许多学生来说，无论是听有声书还是听播客，都比阅读更加容易。

有学者针对受过大学教育且母语为英语的成年人进行了一项研究。在研究中，被试分为三组，每组都拿到了劳拉·希伦布兰德（Laura

Hillenbrand）的剧本《坚不可摧》（*Unbroken*）中的一章。[24] 第一组拿到的是这一章的有声书，第二组是电子文本，第三组同时拥有有声书和电子文本。他们拿到的不是交互式文本，所以不会在听有声书的时候同步高亮显示文字内容。被试不可使用回放和快进功能。每组被试听完或读完该章之后都做了测试，一共 48 道选择题。两周后，研究者要求他们再次在线完成这些题目。

结果是，无论被试以何种方式获取信息（读、听或两者兼而有之），他们回忆起的信息总量相近。这项研究的宗旨是揭示受过大学教育的成年人对信息的理解和记忆情况。但其结论可以推广到任何具备良好听力和阅读理解能力的个体。遗憾的是，这项研究并未涉及读写支持工具（如交互式文本）是否能提高词汇辨识能力和阅读流畅性。由此可见，如果目标是理解文本的内容，那么听和读的效果是一样的。而在某些情况下，听不仅能帮助学习者了解一个普通文本的内容，还能促进他们阅读能力的发展。这些都是非常重要的发现，将影响读写教育的未来。我们对于字词解码和阅读流畅性的关注已经够多了，如果能将更多的注意力放在听力上，那么我相信，我们可以帮助数百万人成为更好的阅读者。

我们可以采取多种方法来关注听力和阅读。如果你是一名小学教师，在向学生大声朗读一本书的同时给他们看文本是一个常见的教学方法，你可能已经在这么做了。当学生开始独立阅读时，你可以鼓励他们去学校或公共图书馆借有声读物，建议他们把纸版书和有声书都借过来，一边听一边读。如果你教的是中学生，你可以像鼓励他们阅读书籍一样去鼓励他们听书。

我有几个学生患有阅读障碍，还有几个阅读分数总是不高，通过听文章和跟着读，他们获得了成功的体验，在课堂上他们不再感到窘迫。

——阿利·卡尔弗特（Alli Calvert）
加利福尼亚州弗里蒙特的高中科学教师

Listenwise 网站上的交互式文本本质上就是"同语种字幕"或音频的"隐藏式字幕"，但它比视频字幕更为精准。视频字幕的标准做法是一次性显示整个句子或短语，而互动式音频播放器则是以单词为单位同步突出显示单词的。

听者可以点击文本中的某个词，跳到音频中的对应位置。在滑动播放进度条时，文本也会跟着动。这种方法也有很强的激励作用，让学生不觉得阅读是一种负担。多项研究均证明了边听边读能提高学习积极性，而且是阅读者下意识的行为。在一项研究中，边听边读组的阅读量是对照组的两倍，同时"该组在听力理解测试中取得的分数更高"。[25]

**听的
趣味训练**

使用交互式文本

不少新闻报道的文本都可以在网上找到。但是，打印出来的文件并不像互动文本工具那样可以跟随音频进度突出显示对应的单词。教师可以访问 Listenwise 网站，以使用互动式文本开展以下练习。

这个练习需要选择一个与课程内容一致的故事，并用到投影设备。下面以 Listenwise 网站上一个名为《海洋里的垃圾》（*Garbage in the Sea*）的故事为例，这篇素材选自系列播客《可是为什么》（*But Why*）。

▶　　**听前**

在课程开始时，请使用过一次性塑料吸管、塑料果汁瓶（水瓶）、塑料袋或任何一种塑料制品的学生举手。问问他们这些物品有什么共同点（由塑料制成，通常只使用一次等）。告诉他们，在每年生产的数百万吨塑料制品中，大约有一半只用了一次就被扔掉了，有的最终进入了海洋。请学生猜测，当塑料吸管、水瓶、塑料袋或其他塑料制品最终进入海洋时，可能会产生什么问题（鱼被塑料垃圾缠住，海洋动物可能会吃掉塑料，以及塑料永远不会分解等）。

通过大声朗读术语及其定义来预习词汇。在学习这个故事的过程中，在和学生看着文本边听边读时，你需要提醒学生重点关注的单词包括 activist（积极分子）、gyre（海洋涡流）、concentrated（密集）和 fragments（碎片）。Listenwise 上提供了这些单词的释义。

▶　　**听中**

播放故事时，将文本投射到幕布上。让学生在看到或者听到故事中的重点单词时举手。然后由你暂停故事，点击该词，将该词所在语句播放至少两遍。

向学生展示互动式文本，其实是在教学生养成听力理解能力和解码能力的方法。通过这个过程，学生也有机会听到这些单词在真实学术性场景中的使用。

为了加强理解，可以点击音频条右上角的"慢速"按钮，再次播放包含关键单词的句子，确保所有学生都能理解。

▶　　**听后**

请学生们讨论听力理解问题，然后在小组中分享他们的回答。检查学生的理解情况，重新播放相关信息所在的音频片段。

推荐给中学生的练习

从 Listenwise 中选择一节与你的教学目标一致的课程，做好准备，在教室里播放互动式文本。如果是远程教学，那么请确保将听力任务与互动式文本学习一起布置给学生。在听之前，先让学生预览词汇。在听的过程中暂停并重复播放难度较大的词汇和短语。听完后让学生讨论听力理解问题，然后在小组中分享他们的回答。探讨"听的同时阅读文本是如何辅助提高学生对文本的理解的"。

一些研究表明，阅读理解和听力理解，与词汇量和阅读流畅性之间存在重要联系。一项针对三年级学生的研究发现，积累更多的词汇量对阅读理解和听力理解都具有促进作用。[26] 不管是听还是读，词汇量的积累都是读写能力的一个关键组成部分。词汇量是阅读能力最重要的预测因素之一，不管是对初级阅读者还是英语学习者来说，都是如此。

阅读流畅性是一个关键的学习目标，因此，了解"边听边读"如何影响阅读流畅性是很重要的。一项针对三年级学生使用边听边读应用程序的研究显示，与对照组相比，实验组每分钟的阅读字数有了显著提升。[27] 这些都是可喜的发现，但我们还需要更多的研究。

遗憾的是，针对"听力和阅读之间的联系"，以及"这种联系有何意义"的深入研究还是很有限。后面的章节我们将讨论蓝思听力测评体系。

我衷心希望随着这一体系的引入，将会有更多关于听力的提升如何促进阅读能力提升的研究出现。

识别主要观点

策略简述：这一策略有助于学生通过听识别故事的主旨。有指导的听力思维活动（directed listening thinking activity）能引导学生对故事进行预测并验证预测，以及对这些观点进行总结。[28]

依据：做出预测并验证预测的能力是一种重要的听力策略。它可以帮助学生确定说话者的主要观点，并在听的时候有的放矢，保持注意力。有指导的听力思维活动要求学生在听前、听中和听后都进行预测。3 个阶段都可以引入讨论，让学生有时间向他人学习并在必要时调整他们的预测。把线索结合起来推断说话者主要观点的能力，是另一项重要的听力理解能力。在不同时间节点暂停故事，让学生去思考他们所听到的内容，也可以帮助学生确定说话者的主要观点。如果学生能够有效利用已获得的信息并继续通过听来获取新的信息，他们就能更好地理解说话人的中心观点。

以音频故事《被困矿工孤立无援身陷险境》（*Trapped Miners Face Dangerous Isolation*）为例来开展这个活动。

▶　　**听前**

说明目标："今天这节课的目的，是通过在听的时候进行预测并验证预测，来帮助你更好地理解一个音频故事。你将通过回答口头问题和书面问题来测试你的理解情况。"指导学生将一张纸折成 4 个部分，用 1～4 为每一部分编号。从互联网上选择一张煤矿工人的照片，对学生说："大家一会儿要看到的照片和我们今天要听的故事有关。根据这张照片，请你预测一下这个故事是关于什么话题的，把你的预测写在第一栏里。"

展示照片。给学生留出时间，让他们写下简短的回答，然后对他们说："转向你旁边的人，分享你的想法。"选择一个足够大的显示屏，展示下面列出的单词，确保所有人都能看清楚。对学生说："这些是大家在听音频故事时将会听到的部分单词。"一定要花时间和学生一起读一下这些单词：miner（矿工）、resilient（坚韧不拔）、diversion（转移）、predicament（困境）、diversity（多样性）。

告诉学生："根据这些词，请你预测音频故事可能会讲关于矿工哪方面的内容。把你的预测写在第二栏中。"同样，如果时间允许，让学生结对分享想法。

对学生说："今天音频故事的标题是《被困矿工孤立无援身陷险境》。根据你所看到的照片、读过的单词以及音频故事的标题，推测音频故事可能会告诉你什么。把你的预测写在第四栏中。"同样，如果时间允许，让学生结对分享想法。

▶　　**听中**

让学生把纸翻过来，在中间画一条竖线，分成两栏。让学生在一栏的上方写上"我的预测"，另一栏写"教授的观点"。

对学生说："今天你们要听的是记者对南加州大学从事社会政策与健康研究的劳伦斯·帕林卡（Lawrence Palinkas）教授的采访。根据这段音频故事的照片、词汇和标题，你认为关于被困矿工的反应他会说什么？把你的预测写在第一栏里。在听的过程中，尽可能多地捕捉教授所说的内容，并把他的想法写在'教授的观点'这一栏里。

"在这部分音频结束时，我们会停下来做一个总结，看看你们认为教授可能会说什么，以及他实际说了什么。"让学生一边看文本一边听音频并在每个片段结束后进行总结，有助于他们弄清说话人在这个音频故事中想要表达的主要观点是什么。

从头开始播放音频，在 1 分 11 秒处暂停。问学生："你的预测与教授实际所说的相符程度如何？"留出时间让学生检查。然后对学生说："在接下来的部分，教授会说某些行为模式的出现将使得矿工能够幸存。你认为这些行为模式可能是什么？把你的想法写在'我的预测'栏第二部分的位置。"

继续播放音频，在 2 分 24 秒处暂停。问学生："那么，你的预测与教授所说的相符程度如何？"留出时间让学生检查。然后对学生说："在下一部分，采访者会问，是否应该给矿工用药。你认为教授会如何回答，该还是不该？把你的预测写在'我的预测'栏的第三部分。"

继续播放音频至 3 分钟，然后暂停。问学生："你的预测与教授实际所说的相符程度如何？"留出时间让学生检查。然后对学生说："在音频的最后一部分，教授解释了矿工可能活下来的原因。你认为他将提到哪些原因？把你的想法写在'我的预测'栏的第四部分。"

播放剩余的全部音频。对学生说："你的预测与教授实际所说的相符程度如何？他提到了哪些原因？"留出时间让学生检查。

▶　　**听后**

向学生提出类似问题："现在你已经听完了整个采访，你认为这个音频故事的主要观点是什么？"

告诉学生："现在我们重新审视一下你最初的预测。请把纸翻过来，完整浏览一遍你的预测。看一看你的预测前后发生了哪些改变。"给学生完整浏览的时间，然后你可以对他们说类似的话："如果你的预测发生了变化，那么导致你做出改变的原因是什么？"引导学生认识到，随着听音频获取更多的信息，他们会对自己的预测做出调整，这也是他们在听的时候应该做的事。这表明他们正在关注说话者所讲的内容，并在必要的时候修正自己的想法。

我患有阅读困难的小女儿正在读高三。她是一名优等生，这让我经常忘记她不能流畅阅读的事实。但是，如果你让她出声读文字，不管是她手机上某个应用程序里的一句话，还是一个游戏的指示，她都会读得磕磕巴巴。事实证明，她仍然无法正确解码。

一直以来，她都是靠着自己的决心，依靠大量背景知识推断才获得成功的。如今她即将进入大学，我们意识到她需要把这个问题彻底解决。现在，她正使用一款自适应阅读流畅性程序练习阅读技能，也在大量收听有声书和播客节目。

阅读障碍并没有阻碍她在学业上的发展，但是我知道这其中有很大的幸运成分。我期待着她早日成为一个能流畅阅读的成年人，那时她肯定会学到更多的东西，对社会做出更多的贡献。

第 章

这样听成为外语高手

Listen
Wise

　　薇姬最担心的是她班上的一个男生。这个孩子名叫哈桑，随家人从叙利亚移民到美国，才转到她班里来不久。

　　哈桑在叙利亚生活的时候学过英语，有一些语言基础，但是他不敢开口讲英语。如果不能尽快掌握英语，那么他就没法跟上课程学习进度。虽然哈桑在上专门的英语补习课，但是薇姬知道她自己也需要调整课程设计，好让哈桑能够参与进来。

　　薇姬班上每年都会有几个像哈桑一样的学生，都是中途加入班级，并且英语能力有限。这些学生有的离开了自己的祖国，生活在故土千里之外的地方，辍学多年。还有一些移民的孩子，他们虽然出生在美国，但是在家里只讲自己的母语，所以英语依然是他们面临的一大难题。薇姬没有以英语作为外语教师的资质，为了让课程设计能照顾到这些英语学习者，她已经参加了所需的专业发展培训，但是她欠缺的是时间和更多专业知识。薇姬回想了一下：在她的课堂上，有哪些时间哈桑是全情投入的？她发现其中一个是在学生围坐着听老师大声读故事的时候，另一个是一对一谈话的时候。显然，听是哈桑听懂英语的关键。薇姬需要想办法在她的教学中融入更多英语听力方面的训练。

我通过听学会新语言

和大多数学生一样，我在中学时也需要学习一门外语。我记得当时应该是 1980 年，我在肯塔基州列克星敦的公立学校读书，学校提供了两门可选外语，我学习的是法语。我压根儿就没法习惯这门语言的发音，我自己尝试讲法语时的发音也很别扭。虽然我课上表现还可以，但是我并没有发现自己对这门语言的热爱。读大学时，我试图把法语重新捡起来，然而没有成功。这段法语学习之旅并没有让我真正感受到生活在一个充斥着陌生语言的国家里无法与人沟通是一种什么样的体验。那种困惑、孤立、误解以及沮丧的感觉，是我后来经历的。

大二时，我选择在肯尼亚学习一个学期。我在肯尼亚的亲友是内罗毕的记者，他们邀请我在暑期去做新闻实习生。我想，我从来没有去过肯尼亚，要了解这个国家的历史和文化，先在这里参加一个留学项目应该是个不错的主意。然而有一个弊端是，这个项目要求参加者学习斯瓦希里语。

有了学习法语的经历，我对自己的语言能力真没什么信心，但是这个项目中的斯瓦希里语课程给了我一次真正的沉浸式语言学习体验。我们一组学生住在地处肯尼亚东北部的拉穆岛，这里的人讲的主要语言就是斯瓦希里语。整整一个月的时间，我们只学斯瓦希里语。我很快意识到，学习任何一门外语的关键都在于听。听是我们这次语言学习的核心。经过短短数周，我就可以用斯瓦希里语交流，并轻松达到了实习的语言要求。

在美国 K-12 阶段的公立学校中，数以百万计的学生处在某些以英语为主要语言的"岛屿"上，但美国的教育体制的设计并不是为了帮助他们说一口流利的英语。他们除了学习数学、科学、社会学和艺术课程外，还必须学习英语的基本规则和词汇。

根据美国国家教育统计中心的数据，在 2017 年，公立学校中有 10% 的学生被认定为英语学习者，这些学生的分布并不均匀。在所有市区公立学校中，有 21% 的学生属于英语学习者。[1] 这是美国增长速度最快的学生群体，预计还将持续增长。美国全国教育协会（National Education Association，NEA）预测，到 2025 年，公立学校的学生中每 4 个就有 1 个是英语学习者。[2]

了解听的重要性并将更多听的活动融入教学，可以帮助这个不断增长的学生群体。我们知道，听是学习语言的关键。无论你是普通教师、以英语作为外语教学的教师还是双语教育者，都可以在不同的学科教学内容中加入更多的倾听活动。我们所掌握的知识和技能中有 80% 是依靠听学会的。要是你愿意花功夫通过培养扎实的听力来帮助你学生中的英语学习者，你也会让其他学生从中受益。[3]

我们无数次听到正在学习一门新语言的人说"我能听懂的比我能说出来的更多"。如果不注重听力，学生就无法学会讲一门新语言。在外语学习中，先训练听力再教授说，可以帮助学生学习新语言的规则。听和说是相辅相成的，给学习语言的学生提供更多的听力活动可以提升他们的口语能力。

和母语一样，外语的听力理解能力的提升也需要经历从初级到高级的过程。人们依赖所有感官，以各种方式接收信息。我们的大脑对信息进行处理，然后我们产生对所接收信息的理解。我们可以通过说话、写作或实操来做到这一点。

对于英语学习者来说，处理接收性语言（即理解所听到的内容）比处理表达性语言（即产出话语）更快也更容易。介于接收信息和表达信息之间的是处理信息。以英语为母语的人对信息的处理是下意识的。研究表明，信息处理可分为两种类型。低层次的信息处理速度快，是自发进行的。这就像会话语言。当我看到一辆车开过时，我知道那是一辆车。我可能会说："我看到一辆蓝色的车从我家边上开过。"在高层次信息处理中，一个人则需要借助背景知识和上下文来理解单词和句子的含义。这些背景知识储存在我们的长期记忆中。

通过使用 Listenwise，我教授的英语学习者都取得了惊人的进步！他们掌握了更强的听的能力，并能将这些能力运用于语言理解。对于提高各年级学生的读写能力来说，听力脚本简直太宝贵了！

——萨拉·埃默里（Sarah Emery）
佛蒙特州圣约翰斯堡的五至十二年级教师

如果学习者的处理速度不够快，不能理解句子中单词或者至少是关键词的含义，那么他们就无法获取背景知识处理信息。

使用视觉辅助工具也是帮助学生理解新语言的关键。展示照片、图片、幻灯片、海报和其他相关的视觉表现，都可以帮助学生更好地理解。

在一项关于哪些类型的训练能帮助学习者提高外语听力理解能力的研究中，研究人员发现，对于语言学习者而言，能下意识地进行低层次的信息处理至关重要，因为在听的过程中往往没有机会回顾信息。[4] 不断涌来的话语信息必须得到即时处理，否则，低层次的信息处理将占用过多的注意力，使学生无法调用他们的背景知识激活高层次信息处理，大大降低理解效果。

如何帮助学生在学习英语时提高他们的听力理解能力？我建议使用以下 5 步：

❶ 预先教授词汇；

❷ 激活已有知识，建立背景知识；

❸ 融合所教授的语言和对应学科内容；

❹ 搭建听力学习框架；

❺ 鼓励口语练习，加深听力理解。

有的老师可能已经积累了针对多语言学习者的教学策略，因为他们每天教授的对象中就有英语学习者。有的教师面对的可能是学生语言水平参差不齐的班级。幸运的是，这些通过听来提升语言水平的做法中的任何一种，对普通学生也依然有效。

我们学校每年都要对英语学习者的进步情况进行评估，他们要是英语水平没有达标，就不能毕业。世界级教学设计与测试（World-class Instructional Design and Assessment，WIDA）在 2020 年发布了一套新的英语语言发展标准，"代表了学生与同伴、教育者和学校课程互动所需的社会、教学和学术语言标准"。[5] 美国目前有 40 个州遵循 WIDA 标准，每年对英语学习者进行州际英语理解和交流能力评估（Assessing Comprehension and Communication in English State-to-State，ACCESS），以判定他们的语言进展情况。

加利福尼亚州和得克萨斯州则为英语学习者制定了自己的测试标准。WIDA 测试涵盖 4 个方面：阅读、写作、口语和听力。涉及音频听力的部分占了整个测试的 25%。该测试主要在网上进行，这意味着没有面部提示或手势提示来辅助听力理解。

在没有采用 WIDA 测试的州，英语学习者也会接受定期的测试。听力练习可以帮助你的学生为这些要求严格的测试做好准备，与此同时，老师也能向他们教授学科内容。

我把前文中提高听力理解能力的 5 步分别划到听前、听中、听后 3 个阶段，可用于任何音频听力资源的学习。Listenwise 网站的课程就是用这个教学框架组织的。

● 听前

第一步，预先教授词汇。

第二步，激活已有知识，建立背景知识。

第三步，融合所教授的语言和对应学科内容。

● 听中

第四步，搭建听力学习框架：使用音频文本，放慢音频语速，实施精听方案，运用听力信息结构图（语言识别）。

● **听后**

第五步，鼓励口语练习，加深听力理解：通过会话检查听力
理解。

英语学习者的听前、听中、听后策略

接下来，我们将讨论远程英语学习者可独立完成的活动。这些活动应
当在听音频之前进行。

预先教授词汇

英语学习者在入学时成绩往往落后于英语流利的同龄人。他们之间的
差距始于词汇。普通幼儿园孩子的词汇量在 5 000 以上。虽然一般英语学
习者的母语词汇量可能也不少于 5 000，但他们的英语词汇量要小得多。[6]
这一现象导致了英语学习者的成绩落后，大量研究都证实了这一点。有研
究组织在 2014 年的一份报告中比较了英语学习者和非英语学习者在美国
国家教育进展评估测试中取得的分数，发现在四年级阅读和八年级数学
中，两者的分数差距达 40 个百分点。该报告指出，这一显著差距自 2000
年以来一直没有发生改变。[7]

我们对英语学习者的要求太高。他们经常在还没有完全掌握所需的学
术语言和读写能力时就被转入普通教育班级，之后他们必须在使用英语学
习学科知识的同时，继续学习英语。

WIDA 定义了学术语言的 3 个维度，包括单词（短语）层面、句子层面和话语层面。我提出的听前、听中和听后策略可以支持所有维度的学习。尽管学生能够自发发展出社会交往所需的沟通技巧，比如如何交谈和倾听，但他们需要花更长的时间来掌握学术语言的词汇。这些词汇都是传统上用于阅读、写作、课堂讲授、辩论和讨论、演示以及演讲等活动的词汇。斯坦福大学的一项研究显示，熟练掌握英语可能需要 4～7 年的时间。[8]

学生更容易通过看电视、玩电子游戏或与朋友交谈来获得日常基本的社交技能（Basic Interpersonal Communication Skills，BICS）。而认知性学术语言能力（Cognitive Academic Language Proficiency，CALP）涉及学术语言，是在学业上取得成功的必要条件。

学术语言不仅仅指词汇，还包括语法和其他语言要素。斯坦福大学教育研究生院的高级研究员杰夫·兹维尔斯（Jeff Zwiers）指出，虽然研究人员认为阅读是建立学术语言的首要途径，但"听可以帮助学生建立语言能力，打好句式结构基础"。

兹维尔斯在一次采访中告诉我："在听的时候，你不会受到解码过程的阻碍。有的学生太专注于正确地讲出词语，反倒忽略了对语言意义的理解。但是如果学生只是在听，那么就不用去顾虑其他因素，这样就能聚焦于语言本身。"

使用播客作为听力材料的效果非常强大，原因是学生可以多次聆听材料中的学术语言。兹维尔斯建议，针对每一个主题，让学生听 4 个不同的播客音频，这样做可以帮助学生巩固词汇和句子结构，提升他们的语言能力。他说，设定听的目的也很重要，给学生一个听的理由，让他们去认真听那些他们可以加以拓展、运用的观点。

　　兹维尔斯指出，与没有脚本的播客相比，类似新闻故事的播客经过了稿件的撰写和节目制作，形成了新闻、故事和报道，能为学生提供更加丰富的学术语言语境。没有脚本的播客涉及的基本社交技能多，而对认知性学术语言能力的要求则比较少。此外，播客也是积累社会性语言的绝佳途径。

　　听的过程中所需的口头语言能力和单词识别能力是发展学术理解所需的更高级语言能力的基础。听各种主题的故事和报道为学生提供了接触各种学术语言的机会。事实证明，让学生在听故事时随机接触新词汇，有助于学生理解生词的含义。[9]当学生听的时候，他们还会听到一些难懂的词汇，这些词汇能锻炼他们的语言接受能力，有助于他们的语言学习。

　　这些关键的学术语言是一门语言的基石，如果没有掌握这些单词和短语，英语学习者在学习新概念和处理更难的内容时，就很难掌握越来越复杂的信息。一旦学生上了初中或高中，需要学习更难的科目时，他们便不具备必须的语言能力和外部支持来满足他们的学习需求。对这样的学生来说，达到大学的入学要求这一目标就变得遥不可及。幸运的是，有一种有效的方法可以帮助英语学习者弥补这一差距，这种方法要求我们在做听力练习前预先教授词汇。

　　我的学生觉得 Listenwise 上的音频故事能帮助他们更好地理解学术词汇。

　　　　　　　　　　　　　　　　　——斯科特·佩特里
　　　　　　　　　　　　加利福尼亚州瓦伦西亚的高中历史教师

　　预先教授词汇是一种阅读策略，主要是先教会学生即将要读到的单词。大量研究表明，预先教授词汇对阅读成功而言十分重要。M. 米勒

（M. Miller）和 N. 维奇（N. Veatch）在他们的著作《语境下的读写教学》（*Teaching Literacy in Context*）中也证明了这种预先教授策略能够提高学生的理解能力。[10] 这种策略对于听力理解而言也同样关键。

一项针对伊朗年轻人的研究发现，无论学生英语水平高低，加强词汇学习对提高听力理解能力均有积极影响。[11]

预先介绍词汇让学生对接下来要听到的内容有所预期，知道应该重点关注什么，这对于单向地听来说尤其重要。单向地听指学生仅仅是被动地听而不用做出回应，比如收听播客或录制的故事。

I. L. 贝克（I. L. Beck）、M. G. 麦基翁（M. G. McKeown）和 L. 库坎（L. Kucan）将英语词汇分了 3 个层级。[12] 第一层级的词汇是英语对话中经常使用的词汇，并且是学生在母语中已经掌握的词汇。这类词汇通常出现在口头语言中。例如 bike（自行车）和 happy（快乐）就是第一层级的词汇。与社交性语言相比，第二和第三层级的词汇需要学生花费更多的时间来掌握。第二层级的词汇包括在不同学科背景下经常使用的学术语言。这些词汇对听力理解很重要。例如 respect（尊重）和 consequence（后果）属于第二层级词汇。第二层级词汇还包括诸如 in conclusion（总之）这样的短语，是语言学习者需要理解的重要信号词。第三层级词汇在口头语言中使用的频率较低，并且往往是特定故事背景下才会用到的词汇。这些词汇是理解英语中特定学科概念的关键。比如类似 authoritarian（专制）和 amendment（修正）这样的第三层级词汇对于理解社会学课程中的重要概念非常重要。词汇还可以搭配，如 take a nap（打盹）和 easy money（快钱）。即使学生在听的时候可以学会生词的含义，但由于学术词汇对于学生在校教育的成功与否至关重要，所以教师也应当在听前预先教给学生。

使用真实的非虚构类新闻播客来提高词汇量是非常有效的，因为故事中会自然出现大量的第二层级词汇。

激活已有知识，建立背景知识

　　除了词汇之外，听力理解的一个关键因素是所听主题的背景知识，特别是在学习外语的过程中，这一点尤其重要。[13] 对于英语学习者来说，能不能了解网球与棒球的区别，或许是他们理解语言测试中相关的阅读或听力段落的关键。为了激活学生对某一主题的知识储备，我们可以就该主题提问以激活他们的已有知识，或向他们展示故事中会提到的人物、地点或事物的图片。如果学生具备与故事相关的背景知识，那么激活这些知识并讨论他们的经历能够提升他们的理解。

　　我亲身体会过被扔到一个国家而不会说当地语言的生活有多么艰难。经历了法语学习的失败和学习斯瓦希里语时的抵触，在我结束了肯尼亚的游学时光重返我的大学时，我以为我学习外语的日子已经到头了。但因为我想从事国际广播记者的职业，我选择了国际关系专业，于是就出现一个问题。要完成这个专业，我必须熟练掌握一门外语。一个学期的斯瓦希里语学习是不够的，而且我大学的语言系也没有设置斯瓦希里语课程供我选择并继续学习。我必须学习一门新语言。

　　当时我对自己能够学会另一种语言是有信心的。但是要花多长时间才能真正掌握这门语言，对于这个问题我并没有预期。因为我想在非洲当记者，而葡萄牙语是非洲的主要语言之一，所以我选择学习这门语言。

　　我艰难地完成了两年的葡萄牙语强化课程，其间几乎没有张嘴讲过葡萄牙语。我的大多数同学都曾在巴西留学，他们的葡萄牙语很流利，而这是我所缺少的经历。但我的葡萄牙语阅读和写作很突出，所以我在没有真正学会讲葡萄牙语的情况下，达到了对于语言的毕业要求。大学毕业后，我成为一名自由职业广播记者，在肯尼亚的内罗毕工作了两年。后来我决定将我的业务转移到巴西的里约热内卢，可是当我到达巴西时，我震惊地发现我其实一句葡萄牙语也讲不出来。

于是我先把注意力放在了听上面。我听的内容包括广播、电视新闻和巴西肥皂剧，目的是能更好地理解葡萄牙语。收看夜间肥皂剧非常有效，因为里面的人物角色数量有限，剧情推进缓慢，但情节非常吸引人。例如，一个在车祸中丧生的女儿原来并没有死，而是躲了起来，她重新出现后给她的家庭带来了浩劫。

但是我不了解任何故事背景，我无法弄清楚每个场景都发生了什么。我向葡萄牙语流利的加拿大朋友求助，请他给我简要介绍一下故事背景，再教我一些基本词汇，以提高我的理解能力。他向我解释说，故事的中心思想是背叛。于是当剧中的人物开始讨论背叛的时候，我会按下暂停键。我把不理解的单词写下来，然后向我的朋友寻求更多指导。有了对剧集背景的基本了解，我的听力理解能力大大增强了。加上我掌握的一些基础词汇，我竟然慢慢看懂了剧情。我还请了一位葡萄牙语老师，开始重新学习葡萄牙语的动词时态和书面语言。但我的葡萄牙语口音、表达和用词之所以听起来像巴西当地人，要归功于我看葡萄牙语肥皂剧的经历。

融合所教授的语言和对应学科内容

英语学习者往往要将内容和语言融合起来进行学习。要做到这一点十分不易，因为既含有学科内容又提供了语言训练的学习资源非常稀缺。

研究人员已经证明，语境是学术语言学习的重要因素之一。许多学者都认为，在特定学科情境中进行听力活动能够有效促进外语学习。复杂的文本和故事能够提供机会让学习者掌握更加复杂的词汇。除了了解世界之外，听也是获得学科内容知识的绝佳途径。[14]

内容和语言的整合是 2020 年更新版的 WIDA 框架中的 4 个概念之一。这次更新更加明确、具体地表述了两者之间的关联。WIDA 指出，"多语言学习者能够同步发展内容知识和语言，学术内容成为语言学习的背景，而语言成为学习学术内容的手段"。[15] 框架鼓励学习者使用多种交流方式，包括口头交流、图像、图表、手势和其他方式。

在美国以外的许多国家，英语是 K-12 阶段课程的一部分，学生都需要学习英语。正是由于这个原因，许多英语学习方法的研究不是在美国 K-12 课堂展开的，而是在其他国家进行的。在欧洲，教师将语言能力与教学内容相融合，采用的方法被称为"内容型教学法"（content-based teaching）。学者 M. B. 韦舍（M. B. Wesche）和 P. 斯凯恩（P. Skehan）认为，内容型教学法可分为两种：一是"强型"教学法（"strong" approach），掌握内容知识是主要目标，流利使用语言则是次要目标；二是"弱型"教学法（"weaker" approach），强调通过基于内容的课程，培养学生使用目标语言交流的流畅性。[16] Listenwise 上的教学可归入"强型"教学法，因为其内容设计既适用于语言教师，也适用于普通教师。

由于英语学习者越来越多，因此同时教授内容和语言是很有必要的。此外，研究还表明，当内容与语言结合在一起时，学生的学习动机和参与度也提高了。中国台湾地区一项针对小学生的研究发现，"听力教学可以整合到内容课程中，让学生特定的听力得到极大的提升"。[17] 该研究的结论是"在基于内容的语言学习课程中，明确的听力教学与互动型任务的有机融合可以带来更有效的英语教学"。播客天然地整合了语言和内容，是这种教学方式的完美载体。

在没有任何辅助的情况下去听是很困难的，尤其是像播客这样的录音材料。在实际对话中，我们往往能够看到对话者的面部表情和手势动作，用以充当线索。在没有视觉线索、没有音频文本、没有话题背景知识，以及没有预览词汇的情况下，要听懂关于学术话题的音频故事非常困难。

学习者可以在听播客的同时做以下活动：如果是远程教学，那么学生可以戴上耳机独立听；如果是在教室里，则可以用扬声器播放故事。如果是同步教学，可以把交互式文本投射到幕布上让大家看到。

搭建听力学习支架

当你来到一个新国家的时候，你有没有想过"如果他们说得很慢很慢，我或许就能听懂他们说的意思了"？但要听懂外语母语者用正常语速所讲的话非常难，即使你已经在这门外语上接受了很多年的培训和练习，也依然很难。这也是一个会让人精疲力竭的过程。要完全专注地去听一个说外语的讲话者在说什么，无论是面对面还是通过电视、广播或互联网等形式，你都需要付出巨大的精力。哪怕你的注意力只是游离了一瞬间，也很可能会完全听不懂后面的对话或演讲。如果你不懂讲话者用来串联所有概念的某个重要词汇，那么其结果可能是你会听得云里雾里。

但反过来看，如果你听懂了一个关键词，那么你可能就会利用上下文、背景知识或情境来填补理解的空白。将听力材料分解成短小的片段以及减慢播放的语速，有助于理解。接下来，将为英语学习者具体介绍搭建听力学习支架的 4 个方法。

使用音频文本

前面的章节中我们探讨过听力和阅读的关系，谈到在听的同时阅读文本有助于理解。这对英语学习者来说更是如此，也更加重要。Listenwise上的所有播客都配有交互式文本。文本与音频同步播放，并且音频读到的单词会高亮显示。有了文本，学习者可以在听的时候跟着读，能够随时暂停并反复听某个单词，还能一边听着单词的真实发音一边看到这个单词的拼写。音频文本也提供下载，可以打印出来。

因为播客体现的是真实的口语讲述，其中包含许多不同的声音、节奏和文化背景，所以学习者可以通过边听边读来获得很好的学习体验。

Listenwise 网站对英语学习者所提供的支持让我印象深刻。他们提供了非常有趣的材料供学生学习用，学习者在听的时候可以跟着文本一起读，而且音频读到的单词还会在文本里突出显示。对于英语学习者来说，不管语言水平如何，他们都能从中获益。

——萨姆·佩雷斯（Sam Perez）

爱达荷州博伊西洛厄尔·斯科特中学英语教师

放慢音频语速

在 Listenwise 上，有一个按钮可以使音频在正常和慢速之间轻松地进行切换。慢速版本比正常语速慢 20%，切换后音频文本的显示速度也会与音频保持同步。这样，学习者在以较慢的语速收听播客的同时，仍然可以跟随文本阅读，从而理解更复杂的概念和观点。放慢音频的速度既可以促进语言的发展，也能促进对内容的理解。

　　我喜欢慢放功能，因为慢放让内容更易理解，同时依然不失其真实性。而且它不允许学生草草听完便作罢。

——劳拉·罗森费尔德（Laura Rosenfeld）

马萨诸塞州波士顿的十一年级教师

实施精听方案

　　与精读类似，精听可以极大地提高理解水平，可以根据不同目的多次听音频。下面我用一个音频故事来举例，当然你也可以自行寻找适合的音频。

**听的
趣味训练**

精听指南

　　第一遍精听的目的是检查和激活已有知识。第二遍精听的重点可以放在故事中的某个语言知识点上。第三遍听完后，要求学生对故事进行总结，并讨论其主要观点。

　　以讲述狄更斯与其作品的音频故事《查尔斯·狄更斯：那个时代的乔恩·斯图尔特 [①] ？》（*Charles Dickens: The Jon Stewart of His Day?*）为例。

---

　　① 乔恩·斯图尔特，也称"囧司徒"或"囧叔"，美国电视主持人、演员、作家、脱口秀演员、媒体评论家。——译者注

▶　　第一遍

在 34 秒处暂停。你认为电台主持人把洛厄尔的工厂描述为"模范工厂"是什么意思？模范工厂可能是什么样子的？

在 1 分 01 秒处暂停。在当时的历史条件下，洛厄尔工厂和英国工厂，哪一个才是更好的工作选择？

在 1 分 47 秒处暂停。确保学生熟悉 cellar（地窖）和 basement（地下室）这两个词语，并理解说话人所说的"未经处理的污水渗过墙壁"是什么意思。

在 2 分 47 秒处暂停。当电台主持人隐晦地指出，也许狄更斯在洛厄尔工厂的女工身上看到了某种"精神"时，她在暗示什么？

在 3 分 16 秒处暂停。既然狄更斯关心工人的状况，那他为什么反对工会？

在 4 分 32 秒处暂停。狄更斯在美国的旅行给他的创作以及他对自己作品的态度带来了什么影响？

▶　　第二遍

再听一遍，重点关注情态助动词 could、would、should 和 ought。

帮助学生复习一下，情态动词是与其他动词一起使用的助动词，能够细微地改变动词的含义。这种类型的动词也可以在"if...then..."（如果……那么……）句型中使用以传递因果关系。

在 1 分 26 秒处暂停。什么东西有时会被卷入机器中？

在 2 分 52 秒处暂停。有哪些东西是狄更斯不愿在洛厄尔工厂女工身上看到的？

在 3 分 07 秒处暂停。狄更斯认为我们应当在社会中和工厂主身上看到什么？

在 4 分 18 秒处暂停。美国之行给了狄更斯怎样的希望，让他觉得在英国工厂里看到的社会问题能够得到解决？

▶　　第三遍

总结音频故事，确定主要观点。

运用听力信息结构图

优秀的听者会经常做笔记。为学习者提供音频信息结构图，辅助他们在听的过程中做笔记并使用元认知策略，这一点非常有效。

信息结构图的重点可以放在词汇、语法以及其他语言要素上，也可以放在文章核心观点上。

结构图相当于笔记指南，当学习者用笔记的方式记下重要信息的时候，他们可以借助笔记框架，比如，简单的 T 形图或"事实—问题—回应"式的表格。研究证明，这种"引导式笔记"策略很有效。[18]

听的
趣味训练

引导式笔记

鼓励学生在听时使用元认知技能是提升理解力的好方法。我们可以采取的做法包括让学生在听的时候阅读文本，或者使用 Listenwise 上的"语言识别结构图"（Language Identification Organizer）来聚焦故事中出现的短语。按照故事中事件发生的顺序排列短语，如果学生在听的过程中没能跟上，那么这些短语可以帮助他们弄清楚故事的走向。

小学生使用的听力笔记模板

以知名儿童科普节目播客《地心之旅》（*Journey to the Center of the Earth*）为例。让学生在听前创建一个 3 栏信息结构图，3 栏的标题分别为"事实"、"问题"和"回应"。学生将使用这个结构图记录他们听音频过程中的想法。学生需要在"事实"栏中记录与主题相关的有趣或有用的事实信息。在"问题"一栏中，学生需要写下他们听故事时产生的问题。最后，在"回应"栏中，学生需要逐一列出他们对故事的回应。向学生补充说明，"回应"可以是对"问题"栏的回答，也可以是他们对所听到的信息的反应，主要有以下几类：

● 让你感到吃惊的是什么？

● 哪些内容验证了你已经了解的知识？

● 你听到的哪些内容让你感到困惑？

● 哪些内容让你产生了不同的想法？

● 哪些事情让你觉得难以置信？

中学生使用的听力笔记模板

以音频故事《埃利斯岛对美国新移民依然意义重大》(*For New Immigrants to The U.S., Ellis Island Still Means A Lot*) 为例。引导学生制作一张简单的图，在纸张的顶部画一条横线，中间画一条竖线。左边一栏的标题为"过去的移民"，右边一栏的标题为"现在的移民"。在听的过程中，让学生使用这张图做笔记，以此引导自己去听。

接下来，我们来看一看有哪些活动可以在听力的基础上开展口语练习。学习者可以结对讨论，也可以自己录音。

鼓励口语练习，加深听力理解

斯坦福大学的高级研究员兹维尔斯认为，听是在"为对话做好准备"。对话是实时发生的，学习者理解现场口语并做出反应的速度越快，他们的语言流利度就越高。在现场对话中，学习者需要有足够的自信来打断讲话者，请求对方解释其没有听懂的内容。但如果面对的是预先录制的录音，你可以在听完一个复杂概念后暂停音频，然后想一想讲话人这么说是什么意思。

兹维尔斯在那次采访中告诉我，听有助于英语学习者说出清晰的口语。通过听，你不仅能学会大量的单词，还能学会语法结构。语法结构是学习外语的一个重要部分。

听者的良好反应也是有效倾听的一个关键特征。学习者能否通过小组发言来展示他们所学的知识？他们能否在不同情境中使用他们在故事中听到的学术语言？促进对话的一个方法是选择一个适合辩论的故事。如果故事能从多个层面和视角呈现某个问题，那么学习者可以更容易地参与对话。根据兹维尔斯的说法，有意识地说"可以培养诸如评估、比较、推断因果关系和说服等能力，并帮助学习者掌握与这些能力相关的语言"。[19]

**听的
趣味训练**

实现更有力、更清晰的理解

这个活动相当于连续进行 3 次"思考—配对—分享"活动。普通的"思考—配对—分享"活动要求学生先就所听内容进行独立思考，然后与同伴分享。而在这个升级版的活动中，你需要增加配对和分享的次数，这样学生就可以借鉴彼此的观点，并有机会多次练习。

你需要向学生解释，这个活动鼓励他们借用别人的观点、用词和语法结构，因为每一次借用都是在实现更加有力和清晰的理解。

例如，听音频故事《报告：超过一半的美国儿童在 11 岁前拥有了第一部智能手机》（*Report: More Than Half of U.S. Children Now Own A Smartphone by Age 11*）。让学生分享他们对这个问题的看法：为什么美国孩子获得智能手机的年龄越来越小了？他们还可以提出以下问题：

● 在决定孩子如何使用智能手机的问题上，父母扮演着什么样的角色？

- 为什么年幼的孩子需要手机？

- 该研究报告中男孩和女孩使用媒介的行为有什么不同？

- 这项研究最令人惊讶的发现是什么？

　　这些问题都可以引发深入的讨论，同时还有助于学生使用故事中出现的一些学术词汇，如 conparable（可比的）、commonality（共同性）、differ（存在差异）和 socialize（社交）等。

　　我认为听是学习中的平衡器。这样说是什么意思呢？我所分享的关于如何使用播客来教授语言和学科内容的方法，可以让英语学习者和英语母语者均受益。每个人都能从倾听高质量的音频故事中获得益处。对于英语学习者来说，获得词汇和背景知识能够促进他们听的效果。对于英语为母语的学习者而言，虽然他们所需的前期支撑更少，但他们仍然能获取内容知识并建立学术词汇和背景知识。

　　我喜欢使用播客的原因是，很多人在收听用英语讲述的同一个故事。这些故事唤起了人们的期待、情感和其他共同的生命体验。英语学习者能够被故事世界中的情感所感染，而不会因为某个可能的生词裹足不前。所有学习者都能听到相同的词汇和句子结构，这与下调难度的阅读项目不同。而说话人的表达方式和语气可以帮助学生理解意义并全情投入，为语言学习提供不可多得的不竭动力。

　　现在看来，支持我获得成功的因素和我作为一个语言学习者所面临的挑战，也是学校里成千上万的英语学习者曾有过的经历。对我来说，学习一门语言是我的一个选择，促使我全身心投入其中。而对于学校里的许多英语学习者来说，这不是一种选择，而是他们必须做的。设身处地为他们考虑，我们就能理解他们正在这个过程中经历什么了。

　　我在肯尼亚学习斯瓦希里语和在巴西学习葡萄牙语时所经历的语言输入都是真实的。我积极努力地去理解外语，我对两种语言的处理策略是多感官的，并使语言得到巩固。在肯尼亚，我在与老师交谈时学会了斯瓦希里烹饪。在巴西，我每天早上都练习在当地面包店点同样的早餐。我仔细听服务员如何重复我点的菜，这样下次我就可以模仿他了。

　　现在回想起来，我明白这些都是经过验证的语言学习策略。要把这种程度的真实性带到英语学习者的课堂上是很难的，但我坚信，去听引人入胜的故事中真实地道的英语口语是通往这种真实性的有效途径。

第 7 章

如何评估听的能力

Listen
Wise

薇姬知道当她要求学生大声朗读一段话时谁会自告奋勇，她也知道哪些学生精通阅读。当她要求学生复述她说的话时，也通常是这些孩子在发言。但她更担心的是那些沉默的学生。他们沉默，可能只是因为他们没有注意她说的话，并不一定因为他们不懂。但她怎样才能分辨呢？

让她沮丧的是，有很多方法可以测试学生的阅读和数学能力，但对于听的能力测试她却束手无策。学生家长和学校领导都说薇姬老师是一个优秀的听者，而且她知道，听作为一项社交技能是很重要的，对学业学习也是至关重要的。对她来说，知道哪些学生需要更多支持十分关键。

薇姬老师希望能有一种实用的方法，像评估其他关键技能一样来评估听的能力。这样她就能够快速检查学生的能力，而不用在他们听完播客后逐一询问，毕竟时间不允许。

标准化的听力测试

在很长的时间里，我们都没有切实的方法来评估学生的听力，直到这几年，情况才有所改观。既然我们所学的东西中有那么多是通过听得来的，那么这就是一个不容忽视的问题。让我们和阅读做一个对比。阅读测试的方法有很多，可满足教师们的各种需求。表 7–1 显示了常用的阅读测试的类型。大多数学生在每学年都会参加形成性阅读测试（formative reading test）、中期阅读测试（interim reading test），以及总结性阅读测试（summative reading test）。

表7–1　阅读测试的类型

		形成性阅读测试	中期阅读测试	总结性阅读测试
含　义		通常表现为课堂教学中出现的问题和任务。教师利用这些测试来评估学生对课程内容的理解，还可以借此判断出学生能力上的差距。这类测试有助于教师制订下一步的教学计划。这些测试的反馈通常是非常迅速甚至即时的	揭示了学生当前的成绩水平。例如，对于所在州规定的学生在一学年中的某个时段应该掌握的内容，学生掌握得如何了？通过该类测试可以了解学生的已有知识，以及他们对哪些内容的学习做好了准备，还可以借此显示学生的学习轨迹或成长速度	是持续时间较长的全面测试，依照一套完整的标准对学生、教师、课程、学校系统等进行评估，通常针对的是整个学年。根据标准对学生进行评估的同时，这类测试也会评估教育环境的有效性。关于学生个人的优势或劣势方面的评估信息则是有限的
评估对象		学生个体	学生个体和班级	教育生态：学生、教师、课程、学校系统等
频　率		持续进行，如每周1次	间隔进行，如每年3次	每年1次，通常在学年末

毋庸赘言，教师可以通过各种测试掌握与学生阅读能力相关的大量信息。虽然有些州会采用标准化的听力测试，将其作为英语语言艺术课程总结性测试的一部分，但在大多数情况下，形成性测试或中期测试极为罕见。换句话说，关于学生的阅读能力，我们所掌握的一切情况都没有反映

听力能力。教师眼下还无法单独检验学生是否能够理解他们所听的内容，无法诊断他们听力存在的缺陷，无法将他们的听力与他们的阅读能力进行比较，也无法确定他们的听力与同龄人相比是否处于"年级应有水平"，或者他们的听力是否在以正常速率发展。

然而这一情况即将发生改变。稍后我们将讨论如何依靠 Listenwise 和蓝思听力测评体系让上述问题的解决成为可能。但先让我们再谈一谈标准。

学生们经常被要求参加测试，这样就可以根据标准对他们的能力和知识储备进行评估，这些标准包括各州设定的标准和《共同核心州立标准》。《共同核心州立标准》包含了英语语言艺术标准里的听力和口语学习目标。比如，针对五年级学生的一项目标是：积极参与讨论，阐述自身观点，通过发表意见来提出和回答具体问题。

和许多标准一样，这条标准涉及沟通合作，可以将其作为课堂活动的一部分进行评估，但如果作为中期测试或总结性测试等大规模标准化评估的组成部分，给学生带来的挑战不言而喻。

这条标准也同时涉及听和说，因此没法将学生的听力与他们的整体沟通能力区分开来。比如另一个标准：总结讲话者提出的观点，并解释每个主张的理由及其如何得到证据的支持。该标准涉及听、分析和总结，实际上与阅读标准非常相似，只不过学生不是在阅读一篇文章，而是听人讲述。

但这种总结性质的活动往往要求学生不仅要听，还要说或者写，并且这也将耗费大量的测试时间。这种学习目标在标准化考试中很难评估，因为时间有限，还涉及对学生的打分公平性问题。

许多州设定的学生发展标准以及《共同核心州立标准》都明确了希望

学生擅长的技能，如沟通、协作和批判性思维。但是，要实际编写评估标准测试题，不仅要耗费大量人力、物力以及时间，而且要做到公平、客观地评分，极具挑战性。

由于这些原因，许多州在年终考试中不评估听力或口语，即使这些技能被列入其标准。截至 2020 年，美国大约有 40 个州使用《共同核心州立标准》，但只有 22 个州在总结性考试中测试听力。其中 12 个州使用智慧平衡评估联盟测试，其他州则使用其改编版本。

听力评估通常会在三至八年级进行，但各州情况不尽相同。佛罗里达州每年都会进行听力测试，直到十年级。而加利福尼亚州会在三至八年级进行听力测试，并在十一年级再次测试。

根据 Listenwise 的分析，每年有超过 1 000 万学生接受听力测试，不到美国所有 K-12 阶段学生的 1/5。

但是，即使在实施听力测试的这 22 个州，听力测试往往也只是英语语言艺术考试中的一小部分。在智慧平衡评估联盟考试中，典型的听力题目是让学生听长度不到 2 分钟的音频，然后回答三四个问题。考试不给学生提供纸质听力文本，但允许他们多次收听。

由于智慧平衡评估联盟测试的评估内容之一是指"朗读出来的书面文本"，所以许多听力录音并没有日常语言的自然表现力。相反，这些测试问题只是通过音频媒介来评估学生对文本的理解。

这些做法看似将听力纳入了考核并且"完成"了相应标准的评价，但都流于表面，并没有针对学生的听力进行充分的测试，因此无法依据这些评估结果对学生的真实听力做出评判。

英语学习者的听力测试

不过有一种涉及听力的测试在美国很普遍，即针对英语学习者的听力测试。这些测试包括加利福尼亚州英语语言能力评估（English Language Proficiency Assessments for California，ELPAC）、得克萨斯州英语语言能力评估系统（Texas English Language Proficiency Assessment System，TELPAS），以及 WIDA 的 ACCESS 测试（该测试在英语学习者数量较少的 40 个州使用）。这些测试通常认为听说读写 4 项能力同等重要，因此听力的测试时间及权重与阅读评估相当。

通常情况下，针对英语学习者的标准越具体，越容易依据标准编写测试题目。举例来说，WIDA 中的成绩指标是标准的一部分，可以更容易地应用于标准化测试。表 7-2 显示了与《共同核心州立标准》中三年级数学标准相关的 WIDA 标准，是关于物体长度测量的。

表7-2　WIDA三年级数学标准（听力）

第一级 入门	第二级 萌发	第三级 发展	第四级 拓展	第五级 进阶	第六级 达成
与同伴协作，按照示范根据口头指令识别物体的长度	与同伴协作，按照示范根据口头指令将物体按长度分类	与同伴协作，按照示范根据口头指令将物体按长度排序	与同伴协作，使用模板比较物体的长度	与同伴协作，按照多步口头指令比较物体的长度	

资料来源：WIDA.

同样，表 7-3 显示了与《共同核心州立标准》中八年级标准相关的 WIDA 标准，关于分析文学中的普遍主题。

表7-3　WIDA八年级英语语言艺术文学普遍主题分析标准（听力）

第一级 入门	第二级 萌发	第三级 发展	第四级 拓展	第五级 进阶	第六级 达成
根据口头陈述，利用环境印刷品（如海报）选择描绘文学作品人物、主题和情节的插图	根据口头描述，利用环境印刷品选择描绘文学作品人物、主题和情节的插图	与同伴协作，根据口头描述，对文学作品中的人物、主题和情节进行分类	与同伴协作，使用结构图探索与文学作品人物、主题和情节有关的模式	预测文学作品人物、主题和情节的发展	

资料来源：WIDA.

正如你所看到的，这些针对英语学习者的考试已经将听力纳入其评估标准及学生的考试任务中。全美国每年有多达 500 万英语学习者参加这些英语考试，既有中期测试，也有总结性测试。但是对于大多数以英语为母语的学生来说，他们能够选择的如此严格的同类听力测试十分有限。

直到 2015 年，听力测试仍然具有很强的主观性。当时，Listenwise 对大约 15 个标准化听力测试做了分析，发现没有任何一个测试能囊括听力的所有方面，而且所有的测试都无法在线实施。课堂上听力测试的典型做法几乎全都是通过纸笔进行，不同的课堂做法千差万别，而且所用文本也是随机选择的。

例如，斯坦福成就测验第 10 版（Stanford Achievement Test-10）对听力的测试仅仅局限于词汇。虽然考试的大部分内容是在网上进行的，但它要求教师大声地口述词汇段落，并提出问题，由学生在线回答。这种做法很容易出错，而且缺乏标准化的管理。这些因素阻碍了我们对听力的重要性以及它在阅读和学习中所起作用的理解。

创建形成性听力测试

随着听力越来越多地出现在许多州的考试中，我们更有必要在课堂上更多地进行听力练习。然而，针对课堂上听力练习的测试直到最近才出现。我们可以通过一些方法来检查学生的听力状况。一些教师在听学生进行课堂讨论时会使用检查清单，或者让学生在其他学生发言时做笔记并写下评语。但这些方法并不可靠，有可能引入主观偏见。

针对听力测评，Listenwise 创建了有史以来第一个带有进度监测功能的在线形成性测试。该评估是标准化的，比以前的测试方法更全面，且主观性更低。Listenwise 与听力和阅读领域的专家密切合作，确定了关键的听力理解能力有哪些，于 2017 年开发了听力测评方法，并使用随堂测试来跟踪学生的进展。

　　我是加利福尼亚州的一名高中历史老师，我使用 Listenwise 来提高学生的听力。每学期我都会布置 10～15 个带有测试题的故事让学生听，后来我意识到，我已经为每个学生建立了详细的听力档案。我开始要求学生反思，他们还有哪些技能掌握得不好导致问题回答错误，帮助他们看到自己需要改进的地方。学生还可以通过 Listenwise 上的测试题，看到自己随着时间推移所取得的进步。

　　我使用 Listenwise 的"读写教练指南"（Literacy Coach's Guide）来创建更多的活动，并看着学生的测试分不断提高，直到几乎所有的学生都能经常获得满分。我教授的都是资优学生，所以他们有很强的动力想要做到最好。而使用这些测试能帮助我的学生认识到，听是一项他们可以控制的能力。一个学生告诉我，他们知道，如果他们听故事时能更专注，就能取得好成绩。

加利福尼亚州加入了智慧平衡评估联盟，所以听力测试是高利害测试①"加利福尼亚州学生成绩与进步评估"的一部分。通过采用这些模仿智慧平衡评估联盟测试的练习，我的学生能够为这一高利害测试做好充分准备。

从那时起，我就开始采用时间较长的音频讲座来提高他们的笔记技能和听力的能力。Listenwise 推出了蓝思音频分级指数，并改进了他们的数据报告。这些都是了不起的进步，因为学生一旦明白主动听是他们能够在自身能力范围内所掌控的，那么他们就会一往无前。优秀的听者会成为优秀的交流者。Listenwise 帮助我和我的学生明白，培养听的能力是可能的。

——斯科特·佩特里
加利福尼亚州瓦伦西亚的高中历史教师

为了编写这些测试，Listenwise 团队分析了阅读评估中所包含的元素，因为阅读和听力之间有着重要的联系。[1]虽然听和读都需要理解能力，且两者中有许多能力是重叠的，但这些能力的应用在不同的语境中会有所不同。例如，学生需要练习如何识别和总结音频故事中最重要的观点，但音频故事的呈现方式可能与纸面文本故事不同。音频故事里自然的说话方式通常不会有书面文章那样明确的主线，其观点不是按照线性发展的方式呈现的。当学生在听说话人讲述时，他们也可以依照话语的语气、节奏和语调做出推断，确定说话人的观点。以下是通过 Listenwise 测试评估的 8 项

---

① 会带来重大后果或产生重要决定的测试，特指美国的联邦和各州政府层面为了对学区和学校进行教育问责所实施的州级统考。——编者注

关键听力理解能力：

❶ 识别字面意思

理解音频故事中明确陈述的事实、细节和信息。

❷ 理解词汇

理解音频故事中的单词在音频语境下的含义。

❸ 做出推论

在听音频故事时推断问题，理解言外之意。

❹ 识别主要观点

理解音频故事的中心思想或主旨问题。

❺ 确定目的

理解音频故事的目的。

❻ 分析推理

理解并分析对音频故事中主张的论证。

❼ 得出结论

通过综合音频故事中的信息得出结论。

❽ 寻找证据

识别音频故事中的哪些信息为音频中的主张或结论提供了证据。

　　每个测试都包含前 4 项听力理解能力的测试，即识别字面意思、理解词汇、做出推论和识别主要观点。有的测试还增加了更多的测试来评估更高阶的能力，如图 7-1。

听力理解能力

识别字面意思　　　理解词汇　　　做出推论　　　识别主要观点

确定目的　　　分析推理　　　得出结论　　　寻找证据

图7-1　Listenwise评估的8项听力理解能力

资料来源：Listenwise.

例如，图 7-2 是一道评估识别字面意思这一项能力的问题。

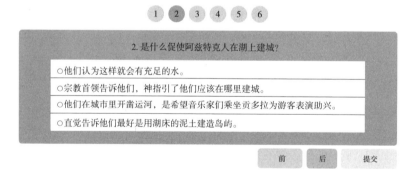

图7-2　评估识别字面意思能力的测试题示例

资料来源：Listenwise.

测试均为自动评分，为学习者提供即时反馈。学习者可以看到他们做错了哪些题目，正确答案应该是什么。而教师可以从 Listenwise 的测试结果里看到学习者的听力理解的表现。

虽然其他数字程序也都开发了类似的形成性测试，但 Listenwise 是第一家为美国学校编写这种用于练习的听力测试的公司。

> 使用听力测试后，我的学生在州评估听力考试中取得了巨大进步。事实上，听力理解是他们在考试中表现最突出的一个部分。
>
> ——凯特·瓦戈纳（Kate Waggoner）
> 俄勒冈州温斯顿的中学教师

由于编写这些题目是一项全新的工作，因此我们很难找到有经验的编写者。Listenwise 邀请了一位享有盛誉的阅读顾问，与她合作编写听力测试题，编写团队的招募和培训都由她来负责，但从一开始就有一些地方不对劲。

在编写初期，听力测试题初稿完成后，我们公司的人员会进行审查。我注意到，大家对听力故事的主旨看法不一致。因为这些测试使用的素材都来自新闻报道或播客，比普通的智慧平衡评估联盟考试采用的音频段落都要长，有的时候一篇材料可能涉及多个主题。而初稿中的测试题答案对音频主旨的表述方式存在问题。

我们与顾问进行了一次通话，共同探讨问题所在。顾问向我们介绍了测试题的编写过程。她说编写者拿到音频故事和文本后，会先读文本然后撰写题目。我问道："那编写人员什么时候听这些故事呢？"事实证明，他们并没有真正去听这些故事，而是完全在阅读文本的基础上编写的。

他们都是熟练的阅读题编写者，所以这样做对他们来说很自然。然而听力测试题和阅读测试题的编写存在巨大差别。这一点也印证了我在美国国家公共广播电台从事新闻报道工作几十年后明白的道理：听一个人的声音、语调、情感和他所强调的内容，与阅读的过程不同。

听和读对于信息传递的效果是不同的，例如，编写者从未在词汇和字面意思理解的问题上出错。但是整体的听的体验，也就是听故事的方式，很可能比阅读文本更能有效地传递主旨。要纠正这个问题很容易。后来，我们要求题目编写者在不读文本的情况下先听故事，然后再编写主旨题目。这些形成性听力评估题目受到了 Listenwise 教师用户的欢迎，但当时我们还没能做到精准地跟踪学生的进步，无法实现以听促读这个更大的读写目标。

影响理论

霍根博士提出的理论让我们坚定了创造一套听力评估工具的决心。尽管人们早就认识到，许多语言能力是阅读理解能力的先决条件，但在设计针对儿童的综合听力评估时，研究人员和教育工作者却未能利用这种关系。

相反，迄今为止的相关文献大多都是仅仅聚焦一两项能力的应用研究。然而教师们迫切需要真实有效的听力测评手段来获取学习数据并驱动教学，以便针对各级别学习者进行差异化教学。

霍根博士的影响理论（图 7-3）让我们知道，高质量听力活动能够提升课堂上听力教学的质与量。因此我们认为，教师教学实践的变化，如使用评估数据指导教学等，也会促成学生语言和读写能力的变化。这些变化包括儿童的语言能力和听力理解能力的短期变化，以及阅读理解能力和终身读写能力的长期变化。

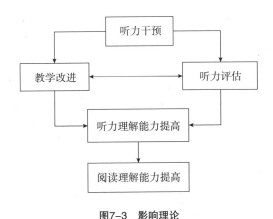

图7-3 影响理论

资料来源：Adapted from Dr. Tiffany Hogan's Theory of Change.

影响理论表明，儿童听力理解和阅读理解能力的提升取决于教师能否在课堂上使用高质量的真实听力材料和科学评估手段。使用更多高质量的听力材料将带来学生学习成绩的提升。

蓝思听力测评体系

通过 Listenwise 的听力评估，教师可以确定学生有困难的领域并相应地调整教学。然而挑战依然存在。有一些层面的评估可以在阅读中实现但无法在听力中做到，这类评估包括：（1）检查学生的听力是否达到年级应有水平；（2）检测学生听力的发展速度是否正常；（3）为学生提供与其水平相符的学习材料。还可以再加一条：（4）将学生的听力与其阅读能力进行比较。所幸的是，通过引入蓝思听力测评体系，这些问题都得到了解决。

为了克服这些挑战，建立一套分级体系是必要的，让跟踪学生的听力发展成为可能。例如，理解能力较低或处于理解能力萌发阶段的学生在分级体系中的得分较低，而拥有较高理解能力的学生则得分更高。

让我们以阅读分级体系为例。使用最广泛的两个阅读分级体系是凡塔斯和皮内尔课堂引导性阅读体系（Fountas & Pinnell Classroom™ Guided Reading Collection）以及蓝思阅读测评体系。凡塔斯和皮内尔课堂引导性阅读体系包含数百本图书，按照难度分为从 A 到 Z 共 26 个等级。这一体系更适用于小班教学，学生可以从非常简单的书（A 级）逐步过渡到更复杂的书（Z 级）。教师可以定期评估学生所处的水平，并在他们做好准备时进入下一个级别。凡塔斯和皮内尔的阅读评估方法是主观的，因为图书都是由阅读专家评估并分配难度级别，而教师则通过评估学生找到适合他们的图书。

蓝思阅读测评体系采用的方法更为科学。一个学生的阅读理解水平是通过测试来评估的，所采用的题目类型通常是选择题或完型填空题。然后教师会为学生评定一个蓝思阅读指数，从 0 级到 2000 级不等。当然对于基础阅读能力，0 级以下另有分级。每年美国都有超过 60% 的学生通过蓝思阅读指数测评获得其蓝思阅读难度等级。有几十个阅读项目和评估指标可以测评学生的蓝思阅读指数，蓝思阅读测评体系已经成为通用分级体系。就像许多不同的温度计都可以提供温度读数一样，许多不同的阅读评估也可以提供蓝思测评值。

蓝思阅读测评体系能帮助我们做到：

- 根据美国国家标准对学生进行评估（一个处于前 50% 水平的二年级学生对应的蓝思阅读指数是 355 级，而一个处于前 75% 水平的五年级学生对应的蓝思阅读指数是 1075 级）。

- 跟踪学生的成长，确保他们以适当的速度进步（普通三年级学生每年的成长指数为 113 级，普通六年级学生每年成长指数为 76 级）。

- 为学生匹配适当难度的文本和书籍，使他们能够阅读具有一定挑战性但不会令他们挫败的材料。

通过以上讨论我们能够看到，针对学生能力和文本复杂度的通用衡量标准受到越来越多认可。在 2018 年和 2019 年，Listenwise 公司与蓝思阅读测评体系的开发者 MetaMetrics 公司[①]合作开发了蓝思听力测评体系，这一体系汇集了阅读分级体系的所有优点，并将其应用于听力，最终解决了我们在本节开头描述的挑战。

现在，我们可以依照蓝思指数测评学生的阅读理解能力和听力理解能力，并将两者进行直接比较（图 7–4）。我们也可以为学生匹配适合他们的音频资源。

---

① 感谢 MetaMetrics 公司的首席产品官阿利斯泰尔·范莫尔对本章内容的宝贵贡献。

图7-4　对比蓝思阅读指数和蓝思听力指数

资料来源：MetaMetrics.

听力评估通常需要花30分钟左右的时间，在测试中学生需要听音频并完成30道题目。听力练习的确耗费时间，许多教师宁可把这些时间用于教学。然而听力练习有利于培养学生的专注力和从文本中提取意义的能力。此外，如果学生所在的州有听力评估要求，那么这些练习可以帮助他们为年终的全州考试做好准备。但真正的好处是，它为教师提供了其他渠道所无法获得的学生听力信息。

相比于需要输入文字回答问题的测试，我更喜欢选择题类型的测试，因为选择题做起来更容易、更快捷。选择题让我必须掌握材料中的事实，而如果是简答题，我往往可能因为无法理解问题在问什么而胡乱作答。

——加利福尼亚州的一名高中生

以四年级学生本杰明为例。他的蓝思阅读指数是 350 级，蓝思听力指数是 800 级。他的听力指数是合格的，这表明他有良好的理解能力，但他的阅读指数低于我们的预期值。老师可能需要进一步调查，以确定他是否存在阅读障碍。他的理解能力很好，他的词汇知识也很丰富，但在书面词汇的解码环节他可能有困难。老师应该考虑给他提供更多的听力练习，尤其是学科内容相关的练习，以加强他的整体理解能力，因为词汇和背景知识的积累可以提高阅读理解能力。

再以三年级学生莎莉为例。她的蓝思阅读指数是 250 级，蓝思听力指数为 280 级。她的两项指标都属于一年级学生的水平。老师已经知道她在阅读理解上有困难，但不知道她的听力理解也有问题！老师现在知道莎莉可能对口头教学指令的理解不够到位，因此必须相应调整教学策略，确保莎莉理解课上的讲解和指令，培养她的听力理解能力。

到目前为止一切进展顺利。但如何评定音频的难度，以便为学生匹配适当水平的音频资源呢？Listenwise 网站提供了大量的播客，难度从简单易懂到纷繁复杂不等。那么，这些播客的难度等级是如何确定的呢？我们知道蓝思阅读测评体系使用计算机算法分析文本特点，如句子复杂程度、词汇难度以及句内和句间的信息密度等，但是长久以来，以同样的方式为音频定级的做法人们闻所未闻。

教师无法一目了然地确定一个播客是只有容易理解的对话还是充斥着复杂句和高难度词汇的观点输出。他们没有时间在布置听力任务前先把每一段音频都从头到尾仔细听一遍再做评估。一直以来这个问题都是在课堂中使用音频的一大障碍。

新的蓝思听力测评体系帮助教师们扫清了这些障碍。该体系采用的也是一种计算机算法，其作用与阅读评级十分相似，但针对音频分析做出了调整。算法的分析对象既包括讲话者话语中的"词汇"和"语法"，也包括讲话者的"发音"和"表达"（图7-5）。

词汇是否反复出现、难度高、与话题紧密相关？

是否能让听者很容易在脑海中形成图像或概念？

词汇　　发音

语法　　表达

是否有反复出现的或者较复杂的语法结构？

对意义的表达和传递是否清晰？

图7-5　音频分析的四个维度

资料来源：MetaMetrics.

为开发蓝思听力测评体系所做的研究得出了3个令人惊讶的研究结果。

第一，话语中的句子复杂晦涩、信息密度高、词汇难度大，会导致音频材料难度升高。这一点不难理解，因为同样的特征也会导致阅读材料难度升级。

但是从声学特征角度看，我们发现了一些意想不到的情况。在我们的印象中，语速会影响话语的理解难度。但事实证明，语速越快，音频的理解难度不一定越大。然而停顿的时长和频率的确会影响音频的复杂度。也就是说，如果讲话者经常在句子之间停顿，或者在新信息之间长时间停顿，那么这样的音频对学生来说就更易于理解。因此，如果你想让他人更轻松地理解你说的话，不要放慢语速，而应该巧妙地加入一些停顿。理解话语需要人脑进行实时、快速的信息处理，而停顿有两个功能：为听者将信息切分成小块，以及帮助听者在下一个信息呈现之前处理当前信息。适时、适当的停顿可以极大地促进理解。

其他与音频复杂度相关的声学特征包括：词汇的发音有多清晰；语调的使用是否丰富；有多少单词的发音是相似的，如 time（时间）和 thyme（百里香）。这些因素都能促进或阻碍大脑对语音流的处理。图 7-6 进一步揭示了影响音频难度的因素。如果你想制作出更容易被学生理解的音频，就要加入大量的停顿，通过改变语调来传递信息，并清楚地表达出来。这些都是新闻播音员一直秉持的准则，但现在我们有了一个综合了这些因素的实证科学模型。

容易理解的音频		难以理解的音频
主题具体	⟶	主题抽象
词汇简单	⟶	词汇复杂
背景信息多，重复信息多	⟶	新信息密度高
语法结构简单	⟶	语法结构复杂
词语容易辨认	⟶	有语音重叠，较难辨认
信息之间有停顿	⟶	信息之间停顿少
表达清晰，语调多变	⟶	话语含混，语调单一

图7-6　影响音频难度的因素

资料来源：MetaMetrics.

第二，我们现在已经量化了 K-12 阶段学生阅读和听力之间的相关性，有数据表明，好的阅读者同时也是好的听者，反之亦然。然而这一结论并非适用于所有学生。实际情况是，的确有学生不符合这种模式。有的学生在一项能力上有所提高，但在另一项能力上却有缺陷。其实其他研究早已告诉我们这一结论，只不过现在我们通过数据分析再次验证了。

　　二年级学生与十年级学生的阅读能力差不了多少。但下面的这个发现意义重大：**随着年龄的增长，如果一个学生在听力训练上只有量的增加，那么他的听力并不会随着年龄的增长而获得提升。听力包含对意义的破解和对信息的处理，是需要刻意培养的学习能力。**

　　第三，听力分级体系研究揭示了另一个事实，即阅读和听力之间关系密切，并且这种关系随着学生的年级增长而变化。有人曾断言，"学生的听力比他们的阅读能力高出两三个年级水平"。但是蓝思研究的新发现表明：在小学低年级阶段，学生的听力水平通常比他们的阅读能力高出两三个年级水平；但到了初中，学生对书面和音频两种形式的信息的处理能力相当；而到了高中，熟练的阅读者实际上更倾向于通过印刷媒体而不是听的方式来处理复杂信息，他们的阅读能力比听的能力更强。

　　我们来分析一下这个问题。一般 7 岁的孩子依然在学习如何解码书面文字。他们发现从文本中获得意义难度很大，因为他们必须耗费大量的认知资源把所有字词读出来。而他们从出生起就一直在听周围发生的一切，因此他们很容易就能听懂看护人和老师的话。如果将同样的信息分别以书面和音频的形式呈现给一个 7 岁的孩子，我们会发现他对音频信息的处理往往更好。此外，大多数针对低龄学生的书面文本都含有他们熟悉的口头语言信息。

　　相比之下，一名即将进入大学的 17 岁学生在学习的过程中已经做了大量阅读练习。如果遇到复杂的句子，他们可以停下来反复阅读和思考，推测句子的意思，将新知识与已有知识结合，然后按照自己的节奏继续阅读。但是，他们在听复杂信息时，字词在他们耳边一闪而过，他们必须在加工意义的同时形成对字词的心理表征。暂停和重放音频可以降低这一过程的难度，但如果信息密度较大，或词汇及概念较生僻，那么学生仍需要做大量的解析工作。对于这些学生而言，面对复杂或技术性强的信息，文本的呈现形式通常更容易为他们所理解。而针对阅读水平较高的高年级学生的学术文章往往含有他们不熟悉的新词汇和新概念，需要更多的注意力和元认知策略来理解。因此，至少对熟练的阅读者来说，在某些方面他们的阅读能力实际上"超越"了听的能力。

未来对听的要求

为什么提升听的能力对我们而言至关重要？因为我们的日常生活正在发生巨变，需要我们进行更多的听的活动。

声音与交流专家朱利安·特雷热在接受采访时说："一种由人工智能驱动的变化即将到来。在不久的未来，我们将主要通过语音和听与互联网发生互动。我们已经有 Alexa 和 Siri 等语音助手，而在未来的几年中，这些语音助手的智能程度会日新月异。"特雷热预测，在今后的 5～10 年中，人们与互联网的联结将主要通过听与说的方式实现。

目前，超过 30% 的美国家庭已经拥有了带有个人助手功能的智能音箱，[2] 而所有的智能手机都已具备语音识别功能。2024 年，全世界的数字语音助手设备大约会有 84 亿台，这个数字比全世界的总人口还要多。[3] 而要使用这类语音助手，听的能力必不可少。

2019 年的一项研究发现，通过智能音箱或智能手机语音查询信息的方式在当时尚未取代在浏览器中输入文字的传统搜索方式。但每年的调查结果均显示，有更多人开始选择直接向智能手机或智能音箱提问，而不是在浏览器中输入问题。并且他们收听回答的频率更高。语音界面正在医疗保健、商业和银行领域迅速发展。许多公司也开始思考如何将网站上的操作触点转变为听觉触点。教育界也在奋起直追。

2019 年 7 月，亚马逊云计算服务（Amazon Web Services）和西南偏南教育大会（South by Southwest Education，SXSW EDU）发起一项挑战比赛，邀请美国的教育科技公司基于亚马逊的智能语音技术工具 Alexa 开发教育应用，为教育带来革新。评审专家最终评选出的应用是史上首个基于游戏开发的无屏幕学习平台 SayKid。开发者利用 Alexa 开发教育游戏，通过一个软件机器人提供这些游戏。人们不用打字，也不用担心屏幕使用时间过长，因为所有操作都通过语音实现。

未来的教学和学习必然会被由语音控制的人工智能互联网设备所改变，而更多课程的教学也有可能通过智能语音控制音箱来实现。学习者可以听讲座、播客或演讲，然后根据提问说出自己的答案，并通过语音指令将答案自动转录与提交。人工智能驱动的收听设备可以判定正确答案和错误答案，并实时纠正学生的回答。这些未来的可能性都取决于更优秀的听力理解能力。

第  章

通过制作播客提升听的能力

Listen
Wise

在去学校的路上，薇姬有 30 分钟的通勤时间。早上 6:30 的交通状况还不算太糟。在通勤的前半程，薇姬会思考一天的工作安排，同时在脑海里过一遍今天的教学计划。做完这些准备工作她会感到自信满满，然后做一点别的事情分散一下注意力。

这时，她会放一集自己最喜欢的播客。她最近最喜欢听《多莉·帕顿的美国》(*Dolly Parton's America*)。这个播客讲的是著名乡村歌手多莉的职业生涯和她给美国带来的影响。仅仅听了 2 分钟，薇姬就被牢牢吸引，完全沉浸在了故事之中。

时间过得很快，不久她就到了学校。在学校的停车场里她心想，如果她的学生也能像这个播客的制作人和主持人一样讲出一个个引人入胜的故事，那么他们能学到的东西就太多了。他们可以讲个人故事，或者通过采访他人了解被采访者的生活，看看他们的生活如何像多莉一样，与社会的潮流相交融，并受到种族和阶层的影响。

　　这个关于多莉的系列播客以事实为基础，借鉴了多种资料，故事情节连贯，信息传递流畅。这不正是所有学生在学习中应该体现出来的特点吗？

　　薇姬灵机一动：她的学生也可以尝试创建一个播客！

听播客学习法

　　我记得我听到的第一个音频故事节目是保罗·哈维（Paul Harvey）的《没有讲完的故事》（*The Rest of the Story*）。在读初中和高中的时候，我们经常和住在同一条街上的邻居拼车。每天早上，朋友的妈妈会把4个孩子塞进她的轿车里，然后打开广播新闻。我不记得我们每天早上几点开车去学校，但我记得我们每次出发的时候收音机里都在播放保罗·哈维的节目《没有讲完的故事》。他讲的故事很短，不到4分钟，都是关于某一个名人或历史事件的有趣事实。这些故事都是大师级的故事范本，直到故事的最后一刻你才会知道他讲的是谁或者是什么事件。我希望自己能写出保罗·哈维那样的故事。如果我的老师能给我布置一个音频脚本的写作任务，我想我一定会非常兴奋。

　　在收听优秀播客的同时，学习者也在学习优秀的播客脚本写作应该具备的要素。他们可以利用听成为积极的学习者，听别人的意见并创建自己的播客。撰写播客脚本有助于学生发展基础的读写能力，因为学习者可以就任何主题进行播客创作，所以他们能够在各个学科领域学习听、说、读、写。播客创作，尤其是在小组中进行的创作，可以培养创造、沟通、协作和批判性思维能力，以及《21 世纪学习框架》(*Framework for 21st Century Learning*) 中列出的其他 21 世纪必备能力。[1]

播客创作能够促进由学术、社会和情感学习合作组织所定义的社会情感学习。该组织提出了解决社会和情感学习的框架。与其他人一起制作播客涉及重要的社会和情感学习目标，包括理解情绪（倾听人们如何说话，即讲话中的韵律结构），向他人表示同情（倾听和记录他人的话语），建立积极的关系（在小组内合作创建播客），以及在编辑、写作和审查过程中做出负责任的决定（合作制作播客）。

通过播客来表达自我，这样的方式对学习者很有吸引力。他们不仅可以模仿真正的记者和知名的播客，学习写作技巧，而且当他们为听众制作有意义的内容时，他们会深入学习中。个性化学习已经成为教育领域的一个热门词，但对于这一术语的真正含义也有很多争论。尽管如此，当学习者创建自己的播客时，他们被赋予了做出选择的能动性，这使他们成为学习的积极参与者。他们通过积极探索现实世界的问题和难题，提出观点和理论，并追求答案和解决方案，参与设计自己的学习体验。汉诺威研究小组 (Hanover Research Group) 的研究指出："自主权通常与更大的个人幸福感和教育环境满意度有关，也与学习成绩相关。"[2]

> 孩子的任何创造行为都是一种隐性学习行为，同时他们也在学习你希望他们学习的任何显性内容。如果他们创建的是播客，那么他们就必须教给别人某些东西，至少与听众分享一些信息。如果他们需要把学到的东西教给别人，那么他们就会学得更好。
>
> ——凯蒂·罗杰斯（Katie Rogers）
> 纽约布鲁克林的八年级数学教师

记录和分享他们的学习内容是对他们所持观点和知识储备的肯定，能够激发他们的学习动力，为他们赋能。[3] 播客为学习者提供了一种既能展示学习成果又能达到课程要求的模式。撰写播客脚本可以帮助学习者在内容创作过程中重新考虑和修正他们的观点。[4] 并非所有人都愿意承受站在台前做演讲的压力。有些人是那种希望在广泛研究的基础上制订计划、写下脚本的学习者，而不希望做"现场"的公众演讲。而播客让学习者有机会通过听到自己的口语表达来复盘自己的学习。[5]

学习者们创建的播客会有真实的听众，请激励他们做到最好。

势不可当的播客

在过去 10 年里，我们消费音频的方式发生了巨大变化。包括调幅广播和调频广播在内的地面广播电台正在失去听众，因为越来越多的人转向收听高清广播和卫星广播，当然还有互联网上的音频节目。人们正在史无前例地大量创造音频内容，希望自己的声音被听到。播客让他们接触到了平时无法触及的更多志同道合的人。播客数量激增，音频的听众队伍也在重新壮大。如今，无论是开车、锻炼、烹饪、做园艺、散步还是乘飞机，人们几乎随时随地都可以获取和收听到内容丰富的音频。

播客这个词的英语 podcast 是由一位记者创造的。他在寻找一个新术语来描述 iPod 和广播媒体之间的结合的过程中，发明了这个词。韦氏词典将播客定义为可通过互联网下载的数字化音乐或访谈节目。

统计显示，截至 2021 年 1 月，美国播客的数量超过了 175 万个，集数更是超过了 4 300 万集。[6] 美国国家公共广播电台的《2020 年有声音频报告》(*The 2020 Spoken Word Audio Report*) 显示，在过去 6 年里，有声音频的收听率增加了 30%。[7] 这一增长是由女性、年轻听众、非裔和拉丁裔美国人的数量大幅增长推动的。75% 的美国人每个月都会收听有声音频，43% 的美国人每天都会听。收听人数增加最多的年龄组是 13 ～ 34 岁的人群。这些播客爱好者可能包括你的学生。问问你的学生，他们最喜欢的播客是什么。

播客媒体已经迅速变成了一个拥挤的空间，大玩家通过主持引人注目的播客赚取了数百万美元。一场针对生产优秀播客内容的竞赛已经拉开了帷幕。2020 年，流媒体音乐服务平台 Spotify 豪掷 1 亿美元，与美国播出时间最长、最受欢迎的播客节目之一《乔·罗根脱口秀》(*The Joe Rogan Experience*) 签下了独家协议。[8]

创建自己的播客能深化学习，发展主观能动性，并以自己的声音呈现所学的知识。制作播客代表必须掌握一门学科中的某些知识，以便向他人传授该学科的知识。这种知识的传递是学习最有力的工具之一。有了播客，知识的传播就会变得有趣，也不再遥不可及。

> 通过创建播客，我的学生学到了公共演讲技巧，明白了声音以及声音所表达思想的重要性。他们学会了如何向全球听众讲述自己的故事。
>
> ——雷娜·弗里德曼（Rayna Freedman）
> 马萨诸塞州曼斯菲尔德的五年级教师

如果存在这样一种任务，不但能帮助学习者练习阅读和写作技巧，学习他们所关心科目的知识，让他们发挥创造性、解决真问题，而且无论是由学习者单独完成还是小组协作完成都能妙趣横生，那么你是否希望将这种任务布置给学生？学生播客是实现这些目标的一个好方法。即使对小学教师来说，录制和分享学生的声音也能帮助学生锻炼重要能力。

然而，许多教师被技术和制作播客的步骤吓退，他们认为自己做不到。后面我将谈到制作播客的技术，但我们先来谈谈制作播客的惊人教育效益。

在 Listenwise 的工作中，我们建议并培训教师与他们的学生一起制作播客，我们已经看到这个活动能够发展读写能力、建立和加强内容知识、培养创造力、促进个性化学习，并为学生的表达提供真实的听众。它还为学生提供了展示其学习成果的另一种方式。

通过制作播客，学生可以成为更积极和独立的学习者。[9] 2007 年的一项研究考察了学生制作播客的教育价值。研究人员要求医学生制作有关遗传学伦理问题的播客，以教授其他医学生。30 名学生被分成 5 组，以小组形式制作长度在 5 ～ 10 分钟的播客。这个小组项目持续了大约 3 周时间。

该研究发现了许多好处。学生报告称，制作播客使他们更有动力去学习，帮助他们进行认知性学习，并教会他们如何在小组中良好合作。这些都是非常有价值的可迁移技能。

另一项大学层面的研究发现，学生制作的播客提高了他们对授课内容的理解，因为他们在制作播客的过程中重温了这些内容。[10] 这也改善了他们与教授互动的方式，他们报告说这是一项与同伴协作完成的有趣的互动活动。有研究发现，播客使学生能够发展独立的学习技能，同时也将他们与同伴联系起来。播客还提供了一种新的方式来评估学生的学习。

远程学习中的播客

无论是在教室里合作学习还是远程协作，播客都能把学习者们聚在一起。在教育领域，新冠疫情的肆虐引起了远程学习翻天覆地的变化。每个学校、每个年级的每个教师都已经习惯在完全远程的数字环境中进行教学。

创建播客，可以促进学习者之间的交流和联系，并让学习者与家庭和课堂以外的人和事建立联结。后面会讲到，我们建议学生以小组形式创建播客，因为这样可以促进学生之间的合作，学生们能够从彼此的问题和研究中学习。他们可以在一个安全的空间里分享他们的意见，并从不同的角度学习。他们可以通过线上的形式做这些事。Listenwise 有一个免费的播客工具包，提供了在教室或远程情境下学生如何制作播客的详细指导。

一项关于大学阶段远程学习所面临挑战的研究评估了播客在加强远程学习方面的潜力。该研究发现，创建播客促进了学生对学习社区的归属感，减少了学生的孤独感和焦虑感。研究发现，教授和辅导老师们创建的用以强化在线课程中所授概念的播客对学习者产生了积极的影响。研究还发现，播客弥合了因学生远程学习而产生的消极影响。[11]

虽然这一章主要是介绍如何帮助学生制作播客，但是在远程教学中，教师也可以自己制作音频，与学生进行交流。

**听的
趣味训练**

模仿形式

迈克尔·戈德西（Michael Godsey）曾是十年级的英语教师，如今身为学校管理者的他是使用播客教学的早期实践者，并编写了许多课程帮助英语语言艺术课程教师引导学生通过批判性听和模仿其他播客来创建自己的播客。以下是他设计的一节课的节选。

● 技术小贴士

时间：约 2 小时

● 背景

学生编写自己播客脚本的过程中需要教师提供支撑，这个练习展示了该过程的一个步骤。学生在仿照范例播客编写自己的故事之前，需要先确定故事的要素。

● 课程的基本流程

第一步：选择一集播客作为范例，最好选择有文字记录的播客。

第二步：制作并分发任务单。

第三步：我们强烈建议为你的学生打印播客文本（或将其投影在幕布上），这样他们就可以边听边读。

第四步：播放这一集播客，在故事的每个部分结束时暂停。

第五步：在每次暂停时，要求学生标出故事的内容，并在他们的任务单上进行总结。你可以让他们描述故事元素以代替小标题。

第六步：请学生以任务单上的故事元素为指导，创建自己的故事大纲。我们建议以小组形式进行，但如果你愿意，学生也可以单独进行。学生不用写完整的剧本，这会花费太多时间。只要他们对自己的故事有一个大致的想法就够了。

第七步：最后，请他们将自己的故事与范例播客进行比较。比较的层面可以包括时间的长短、文本的重要程度，以及自己的播客和范例播客哪一个更出色，为什么。

第八步：可选做法：在他们写出自己的大纲之前，不要听整集的范例内容，可以把播客切分，一次听其中的一个部分（或几个部分）。例如，你可以播放引子部分，让学生自己写一个引子，然后再去听下一部分。

- **说明**

任务单：对于每个故事元素，分别总结范例和自己版本中的对应元素，然后分析解释两者的异同。你可以分别总结范例播客和自己播客的引子部分，然后对两者进行比较，例如：和范例一样，我们试图用一个很有挑战性的问题吸引听众的注意力，然后过渡到一些科学理论的介绍。我们的引子更短、更有趣，但是不如范例详细。

- **故事要素**

范例播客：_____

你们小组的播客：_____

两者的比较：_____

播客还会促进校外合作。举个例子，加利福尼亚州奥兰治的丹·克尼（Dan Kearney）老师教八年级历史，他们班做了一个关于移民的系列播客，名为《移民历史课》（*History Lessons in Immigration*）。在制作自己播客的过程中，一个 13 岁的学生通过采访她的亲属了解了她家的移民故事。她在播客开始时说，她原以为她已经足够了解祖母移民到美国的故事，但事实证明，她有很多东西需要学习。为了了解她的祖母如何从菲律宾来到美国，她采访了她的父亲、叔叔和她的祖母。她的祖母已经 76 岁了，住在另一个城市。采访是通过电话、网络通话和面谈进行的。在音频中，她完整地讲述了她家的移民故事。了解自己家族过去的真实故事对她来说意义重大。

如何录制和编辑播客

我的大女儿上幼儿园时，我在美国波士顿公共广播电台担任记者。我和她的老师成了朋友，经常会被允许带着录音设备，在小组活动时间或特殊项目中为学生唱的歌曲录音。老师问我是否可以帮助制作一个播客，让学生和他们的父母一起探索他们的记忆。在这个单元里，学生需要坐下来和父母谈论他们最难忘的童年记忆。问题很简单："你最难忘的童年记忆是什么？"每个孩子向他们的父母询问最难忘的记忆，然后父母向他们的孩子问同样的问题。

在这种情况下，我担任录音师和编辑。我参加了每一次的采访，采访现场都是在储藏室，因为那里很安静。这些故事对孩子们来说是快乐和有趣的，让他们了解到父母在他们这个年龄段时的一些情况。当然，孩子们也喜欢分享他们自己的故事。我记得很清楚的一个故事是，一位父亲讲述了他 8 岁时和他的父亲一起坐火车从康涅狄格州到底特律买车的故事。他记得在 20 世纪 70 年代，底特律是一座 24 小时不间断制造汽车的城市，他惊讶于这座城市是一个不夜城，他们吃饭的餐厅竟然通宵营业。而他女儿最难忘的记忆是去游乐场玩，坐过山车。

让学生的声音被父母和同龄人听到，对学生的成长十分有益。

上述与幼儿园的合作项目启发我们，学生制作播客是没有最低年龄限制的。对于年幼的学生而言，教师需要做的是更多地参与他们播客的录制和编辑。以下是指导学生创建播客项目的具体步骤。

第一步：收听播客范本作为指导。

为了给教师的课堂播客项目设定较高的期望值，要先让教师的学生收听高质量的播客。这些播客可以作为指导性的音频故事，就像教师用指导性文本来展示优秀的写作风格一样。像其他文本一样，教师应该对这些音频故事做解构分析。教师应该与学生一道审视这些播客的写作方式、使用的词语、句子的结构以及故事的叙述线。

第二步：设定一个目的。

在与学生分享精彩的音频故事后，教师应该为学生创作的播客选择一个与教师课程相一致的目的。你要从通过播客提供信息、说服听众、提供消遣这三个一般目的中选择一个。

播客的目的是研究特定的课程主题，以便学生进行更深入的思考并自主做调查吗？

项目的重点是让学生讲述自己的故事，还是反思他们正在学习的东西？

教师想培养学生对全球事件的认识和理解，还是关注当地的社区问题，或是学校里的问题？

学生是否应该专注于为某一观点或政策提出论据，或通过公益广告劝说人们采取行动？

第三步：选择一个类型。

学生可以创建许多不同类型的播客。教师可能对流行的播客类型很熟悉，包括喜剧、新闻、体育、社会和文化等。教师可以先与你的学生讨论这些播客类型，因为他们可能有自己的最爱。

在 K-12 阶段，教师要创作的播客类型可能与典型的作文体裁更相符。想一想教师可能会要求学生开展什么样的写作活动，然后考虑让学生创建一个相应的播客，而不是写一篇文章。

教师还应该考虑哪种体裁最适合课程目标。你想让学生表达他们的观点、与他人辩论、多角度思考问题还是编写事实报道？

例如，考虑把课程中的个人叙事主题变成一个播客项目，或者让学生以播客的形式做书评。如果你正在教说服性写作（persuasive writing），那么可以让学生制作公共服务公告或公益广告播客。如果他们正在学习论证技巧，那么他们可以创建一个播客来采访持有不同观点的人。如果学生能够去实地考察，那么他们可以做现场采访。其中的可能性是无限的。

小学低年级学生创作播客应更多地由教师主导。最好是选择一个简单的、个人的话题，比如让学生讲述一段回忆或发表对一个人的看法。保持问题的简短和清晰。单独录制，不要给学生分组。在这个年龄段，不能指望学生去操作录音和编辑工具，录制和编辑的工作都需要教师来完成。每个播客或采访应少于两分钟，且应只涉及一个主题。

我认为做的过程远比最后的成品重要。

——大卫·格林（David Green）

伊利诺伊州温尼卡的三年级教师

初中生应选择一个与课程有关的主题。这个阶段的学生能够学会操作录音和编辑软件，所以可以把他们分成小组。如果他们要采访课堂以外的人，那么问题要简短，且应只涉及一次采访。

在这个年龄段，学生喜欢互相采访，分享他们对一本书、一个新闻话题或其他感兴趣的话题的看法。他们可能不太愿意分享个人话题。

孩子是天生的讲故事能手。

——马特·斯托克斯（Matt Stokes）

纽约布鲁克林的八年级数学教师

高中生应选择一个与自我高度相关的主题。问问他们的世界、学习、未来以及他们想要探索的是什么。

在这个年龄段，学生更有可能对自我探索感兴趣。可以由他们自主操作所有的技术环节。不管是小组还是个人形式，学生都可以走出教室采访他人。

作为教师，我最喜欢的课堂活动之一就是制作播客。

——迈克尔·戈德西

加利福尼亚州帕索罗布尔斯的前高中英语语言艺术教师

第四步：选择一个制作格式。

除了要考虑制作什么，教师还需要考虑如何制作。根据你的经验水平，在一开始就确定学生播客的制作形式，这一点很重要。显然，播客有许多不同的形式，但为了简单起见，我们将其提炼为 3 种制作形式，这种方法在 K-12 阶段的学生播客中效果很好。这 3 种形式分别是单一人声、对话和报道。

- 单一人声：由单一声音朗读脚本是播客最基本的形式。学生可以反思他们所学的主题，叙述一段经历，分享对某一问题的评论，或评论一本书、一部电影。这种形式可以融入背景音乐和声音效果，但要确保说话者只有一个人。

- 对话：这种播客形式通常包括 2～3 个声音，就某一事件、话题或问题进行对话。学生需要为对话写一个脚本，可以逐字逐句地写，也可以拟一个大纲作为总体的参考。

- 报道：这种播客形式更复杂，类似于你在广播电台听到的内容。报道的组成部分包括一段精心编写的引子，对教室内外几个人的采访，音乐或声音效果，以及实质性的编辑。

第五步：分组。

播客可能听起来像是一个人的活动，其实不然。在你听到的每一个好声音背后，都有一个制作团队，包括写作者、研究人员、制作人、音频工程师和编辑。播客是合作的产物，应该由学生合作完成。

研究表明，如果学生知道他们的作品会被公开分享，那么让学生合作完成这样的作品具有多重益处。它促进了重要协作能力的发展。小组中的每个人都必须以某种方式做出贡献，而其他人也必须倾听并接纳每个人的意见。在一项研究中，学生们发现，共同制作播客是提高团队工作能力的宝贵方式。他们能够确定自己的主要优势，并通过选择他们在制作中扮演的角色来为播客做出贡献。他们必须作为一个团队一起计划、分配任务并共担责任。他们必须确保每个成员对项目做出同等的贡献。这个项目要求他们提前计划，有明确的角色分工和任务期望。如果有一个人在自己的角色上出现问题，那么整个播客制作就会陷入困境。

许多老师告诉我，课堂上经常沉默不语的学生往往在播客项目中表现出极高的参与度，这让他们惊喜不已。让学生自主选择任务角色是一个很好的做法。一个成功的播客需要团队中的每个人都尽到自己的责任，需要每个学生都充分发挥自己的固有优势。

播客项目可以涉及多重课程标准。通过播客活动，学生们得以展示他们掌握的学科知识、写作能力、综合处理信息的能力等。

> 我觉得我的学生学到了很多东西，其中无疑包括教育中的 4 个 C：Collaboration（合作），他们在小组中一起工作，创造出这个最终产品；Communication（交流），这个活动的核心就是讨论；Critical thinking（批判性思维），这项作业的重点之一是与其他事物建立联系；Creativity（创造力），他们锻炼了自己的写作能力，因为他们需要从头开始为他们的播客起草脚本。当然还包括总结能力，因为他们需要自主选择播客包含的内容。
>
> ——劳拉·伊森霍尔（Laura Isenhours）
> 北卡罗来纳州希尔斯伯勒的十年级英语文学课教师

一般来说，播客项目涉及的能力包括研究、审视、写作、起草、编辑和呈现。我想花点时间谈谈材料的重复，这是制作播客的内在组成部分。当我是一名记者时，我经常被分配去报道一个全新的故事，有时我对这个故事知之甚少。我的第一步始终是研究。我通过阅读来熟悉一个主题，从而建立一个我想采访的人员名单。我利用这些采访来建立我的背景知识，同时也是在收集可能出现在音频报道中的素材。报道过程中的这一步可能需要几天时间。我像写论文一样进行研究，因为我知道我的工作会向数百万人呈现，其中许多人比我更了解这个主题。

通过这些研究工作，我得以为我要采访的对象列出一个长长的问题清单。这些录制的采访，其中许多是当面采访，以收集最好的音质，可能持续 20 分钟到 1 小时的时间。采访是另一个更深层次的研究。这些对话往往会带来我在书面阅读中无法得到的见解和新信息。当然，这些录音也为书面研究增加了声音、情感和背景。这些都是报道中的精华。

报道过程的下一步是转录采访中的每一个字。在谈话过程中，我通常在笔记本上手写记录，并标出重要句子的时间码。即使这些书面记录也不足以作为对话的完整反映，我还是会打出一份完整书面文本。因为你需要对谈话有一个准确的描述，需要巩固你对这个主题的理解，所以大多数记者都会遵循这个程序。

在低成本或无成本的语音转写工具出现之前，我是用听录音和逐字逐句地录入所有文字的方式完成转写过程的，需要花很长时间。一个 20 分钟的采访很可能至少需要 45 分钟来准确转录。但我可以向你保证，在转录过程结束时，我已经对采访的内容做到烂熟于心。

到了写脚本的时候，就很容易了。在我进行研究和采访的时候，我已经在脑海中建立了一个叙事。创作播客的过程中，这些重复工作使得我在进入创作过程时，已经处于对主题完全掌握的状态之下。

对你的学生来说情况也是如此。研究、审视、写作、起草和编辑这些过程都提供了多重机会让学生来强化对内容的掌握。

有许多免费和收费的音频编辑工具可用于录制播客，简单易用。这些工具都是数字化的，不容易损坏。我的意思是，你的学生不会对录音造成不可修复的破坏。他们在编辑时或许会无意中删除整个文件，但总是可以撤销或恢复他们所做的编辑。

所有的智能手机都有免费的语音录制和编辑应用程序。智能手机技术的进步使这些应用的品质达到了广播级别。学生们可以录制自己或对方的声音，并分享音频或将其上传到云端。如果需要远程采访，那么学生可以提醒被采访者用智能手机应用程序录制自己的声音，并将音频发送给学生或老师。

也有许多基于网络的播客录制平台允许你邀请人们接受采访，然后将你和被采访者的声音录制在不同的音轨上。

当你思考你的学生该如何应用他们的听力成为积极的学习者时，我希望你觉得你已经准备好协助他们培养下一步听的能力，即创建一个播客了。

未来的主播可能就诞生在你的课堂上。现在，你已经明白了培养听的能力的重要性，那就把创作播客的项目任务布置给他们，让他们放手去做。这将是你带领他们成为优秀听者的绝佳途径。

前言 听是学习的关键手段

1. Horowitz, S.S. (2013). In the beginning was the boom. In *The universal sense: How hearing shapes the mind* (pp. 126–128). New York, NY: Bloomsbury.

第 1 章 发现听的学习密码

1. Edison Research. (2019, March 6). "The infinite dial 2019".
2. PodcastHosting.org. (2021, January 1). "2021 global podcast statistics, demographics & habits".

第 2 章 听的能力影响一生

1. Hogan, T., Adlof, S.M., & Alonzo, C.N. (2014). On the importance of listening comprehension. *International Journal of Speech-Language*

Pathology, 16(3): 199–207.

2. Beall, M.L., Gill-Rosier, J., Tate, J., & Matten, A. (2008). State of the context: Listening in education. *International Journal of Listening, 22*(2), 123–132.

3. Hunsaker, R.A. (1990). *Understanding & developing the skills of oral communication: Speaking & listening*. Englewood, CO: Morton.

4. Watson, A. (2020, March 3). Number of daily newspapers in the United States from 1970 to 2018.

5. Buckley, M. (1992). Focus on research: We listen to a book a day; we speak a book a month: Learning from Walter Loban, *Language Arts* 69, 622–626.

6. Simon, Kathy Allen. Using the Think-Pair-Share Technique. Read Write Think.

7. Conaway, M.S. (1982). Listening: Learning tool and retention agent. In Algier, A.S. and Algier, K.W. (Eds.), *Improving reading and study skills*. San Francisco: Jossey-Bass.

8. Shali, S.K. (2017). The power of listening ability and its effects on academic performance: An examination of college students. *Imperial Journal of Interdisciplinary Research, 3.*

9. Learning Zone. (n.d.).

10. Graduate Management Admission Council. (2017). *Corporate Recruiters Survey Report 2017.*

11. Strauss, V. (2019, April 5). Analysis | The surprising thing Google learned about its employees—and what it means for today's students. *Washington Post.*

12. Smeltzer, L.R. (1993). Emerging questions and research paradigms in business communication research. *Journal of Business Communication, 30*(2) 181–198.

13. Covey, S.R. (2004). *The 7 Habits of Highly Effective People*. New York, NY: Free Press.

14. Charan, R. (2014, July 23). The Discipline of Listening. *Harvard Business Review*.

15. The Skill of Active Listening. (n.d.). Center for Parenting Education.

第 3 章　听的大脑机制

1. Horowitz, S.S. (2013). In the beginning was the boom. In *The universal sense: How hearing shapes the mind* (pp. 3–5). New York, NY: Bloomsbury.

2. Christensen, C.B., Lauridsen, H., Christensen-Dalsgaard, J., Pedersen, M., & Madsen, P.T. (2015). Better than fish on land? Hearing across metamorphosis in salamanders. *Proceedings of the Royal Society B: Biological Sciences. 282*(1802): 20141943.

3. NIH. (2020, June 17). *How do we hear?*

4. *The Journey of Sound to the Brain* (2020, December 14). National Institute of Deafness and Other Communication Disorders, U.S. Department of Health and Human Services.

5. Horowitz, S.S. (2013). In the beginning was the boom. In *The universal sense: How hearing shapes the mind* (p. 69). New York, NY: Bloomsbury.

6. Partanen, E., Kujala, T., Näätänen, R., Liitola, A., Sambeth, A., & Huotilainen, M. (2013). Learning-induced neural plasticity of speech processing before birth. *Proceedings of the National Academy of Sciences of the United States of America, 110*(37), 15145–15150.

7. NIH. (2020, June 17). *How do we hear?*

8. Bergen, B.K. (2012). The polar bear's nose. In *Louder than words: The new*

(pp. 13–17). New York, NY: Basic Books.

9. 出处同上。

10. Aubert, M., Lebe, R., Oktaviana, A.A. et al. (2019). Earliest hunting scene in prehistoric art. *Nature* 576, 442–445.

11. Hewlett , B.S., and Roulette, C.J. (2016, January 1). Teaching in hunter–gatherer infancy. *Royal Society Open Science.*

12. Scalise Sugiyama M. (2017). Oral storytelling as evidence of pedagogy in forager societies. *Frontiers in Psychology, 8*, 471.

13. Zak, P.J. (2015). Why inspiring stories make us react: The neuroscience of narrative. *Cerebrum: The Dana Forum on Brain Science, 2015*, 2.

14. Harte, E. (2020, August 18). How your brain processes language. *Brain World.*

15. Broca-Wernicke Area Small. (n.d.). Wikimedia Commons.

16. Foer, J. (2012). *Moonwalking with Einstein: The art and science of remembering everything.* New York, NY: Penguin Press.

17. Recht, D.R., & Leslie, L. (1988). Effect of prior knowledge on good and poor readers' memory of text. *Journal of Educational Psychology, 80*(1), 16–20.

18. Zwaan, R.A. (2003). The immersed experiencer: Toward an embodied theory of language comprehension. *Psychology of Learning and Motivation,* pp. 35–62.

19. Bergen, B.K. (2012). Keep your mind on the ball. In *Louder than words: The new science of how the mind makes meaning* (pp. 66–69). New York, NY: Basic Books.

20. Zwaan, R., Madden, C., Yaxley, R., & Aveyard, M. (2004). Moving words: Dynamic representations in language comprehension. *Cognitive Science, 28*,

611–619.

21. Bergen, B.K. (2012). Keep your mind on the ball. In *Louder than words: The new science of how the mind makes meaning* (p. 69). New York, NY: Basic Books.

22. Wen, T. (2015, July 22). This is your brain on podcasts: Why audio storytelling is so addictive. *The Atlantic*, Atlantic Media Company.

23. Rodero, E. (2012). Stimulating the imagination in a radio story: The role of presentation structure and the degree of involvement of the listener. *Journal of Radio & Audio Media, 19*(1), 45–60.

24. Horowitz, S.S. (2013). In the beginning was the boom. In *The universal sense: How hearing shapes the mind* (p. 126). New York, NY: Bloomsbury.

25. Aeschlimann, M., Knebel, J., Murray, M.M., & Clarke, S. (2008). Emotional pre-eminence of human vocalizations. *Brain Topography, 20*(4), 239–248.

26. Common Sense Media. (2018). *The common sense census: Media use by tweens and teens* (pp. 1–104, Rep.). New York, NY: Common Sense Media.

27. Itzchakov, G., Castro, R.D., & Kluger, A.N. (2014, March). *If you want people to listen to you, tell a story*. A presentation given at the 35th annual International Listening Association convention, Minneapolis, MN.

28. SEL: What are the core competence areas and where are they promoted?

29. Hasson, U., Ghazanfar, A.A., Galantucci, B., Garrod, S., & Keysers, C. (2012). Brain-to-brain coupling: A mechanism for creating and sharing a social world. *Trends in Cognitive Sciences, 16*(2), 114–121.

第 4 章　这样听提升学习能力

1. Brigman, G., Lane, D., Switzer, D., Lane, D., & Lawrence, R. (1999).

Teaching children school success skills. *Journal of Educational Research, 92*(6), 323–329.

2. Lemov, D. (2010). *Teach Like a Champion*. San Francisco, CA: Jossey-Bass.

3. 6 Common types of listening you should know. (2014, August 27).

4. Beers, K., & G. Kylene Beers. (2003). *When kids can't read, what teachers can do: A guide for teachers, 6–12*. Portsmouth, NH: Heinemann.

5. Cohen, S.D., & Wolvin, A.D. (2011). Listening to stories: An initial assessment of student listening characteristics. *Listening Education, 2*, 17–27.

6. Itzchakov, G., Castro, R.D., & Kluger, A.N. (2014, March). *If you want people to listen to you, tell a story*. A presentation given at the 35th annual International Listening Association convention, Minneapolis, MN.

7. Cohen, S.D., & Wolvin, A.D. (2011). Listening to stories: An initial assessment of student listening characteristics. *Listening Education, 2*, 17–27.

8. Bloom, B.S., Engelhart, M.D., Furst, E.J., Hill, W.H., & Krathwohl, D.R. (1956). *Taxonomy of educational objectives: The classification of educational goals*. London, UK: Longman.

9. Jalongo, M.R. (2008). *Learning to listen, listening to learn*. Washington, DC: National Association for the Education of Young Children.

10. Funk, H.D., & Funk, G.D. (1989). Guidelines for developing listening skills. *The Reading Teacher, 42*, 198–206.

11. Janusik, L. & Keaton, S. (2011). Listening metacognitions: Another key to teaching listening? *Listening Education 3*, 33–44.

12. Janusik, L. (2017). Metacognitive listening strategies instrument (MLSI). *The Sourcebook of Listening Research*, 438–444.

第 5 章 这样听促进阅读理解

1. Brigman, G., Lane, D., Switzer, D., Lane, D., & Lawrence, R. (1999). Teaching children school success skills. *Journal of Educational Research, 92*(6), 323–329.

2. Hogan, T., Adlof, S.M., & Alonzo, C.N. (2014). On the importance of listening comprehension. *International Journal of Speech-Language Pathology, 16*(3): 199–207.

3. Spörer, N., & Brunstein, J.C. (2009). Fostering the reading comprehension of secondary school students through peer-assisted learning: Effects on strategy knowledge, strategy use, and task performance. *Contemporary Educational Psychology, 34*(4), 289–297.

4. Beall, M.L., Gill-Rosier, J., Tate, J., & Matten, A. (2008). State of the context: Listening in education. *International Journal of Listening, 22*(2), 123–132.

5. Sticht, T.G., & James, J.H. (1984). Listening and reading. In P.D. Pearson, R. Barr, M.L. Kamil, & P. Mosenthal (Eds.), *Handbook of reading research* (Vol. 1, pp. 293–317). White Plains, NY: Longman.

6. 出处同上。

7. Plecher, P. (2020, July 22). India—Literacy rate 2018.

8. Kothari, B., Takeda, J., Joshi, A., & Pandey, A. (2002). Same language subtitling: A butterfly for literacy? *International Journal of Lifelong Education, 21*(1), 55–66.

9. McMahon, M.L. (1983). Development of reading-while-listening skills in the primary grades. *Reading Research Quarterly, 19*(1), 38.

10. National Center for Education Statistics. (2020). National Assessment of

Adult Literacy (NAAL).

11. Common Core State Standards Initiative. (n.d.). English language arts standards. Introduction. Students who are college and career ready in reading, writing, speaking, listening, & language.

12. Hernandez, D.J. (2012). *Double jeopardy: How third-grade reading skills and poverty influence high school graduation* (pp. 1–21, Rep.). Baltimore, MD: Annie E. Casey Foundation.

13. The NCES Fast Facts Tool Provides Quick Answers to Many Education Questions (National Center for Education Statistics)." *National Center for Education Statistics (NCES) Home Page, a Part of the U.S. Department of Education.*

14. The Nation's Report Card. (n.d.). NAEP report card: Reading.

15. Sticht, T.G., & James, J.H. (1984). Listening and reading. In P.D. Pearson, R. Barr, M.L. Kamil, & P. Mosenthal (Eds.), *Handbook of reading research* (pp. 255–292). New York, NY: Longman.

16. Reach Out and Read. (2019, November 18). Child development.

17. Gough, P.B., & Tunmer, W.E. (1986). Decoding, reading, and reading disability. *Remedial and Special Education, 7*(1), 6–10.

18. Berninger, V.W., & Abbott, R.D. (2010). Listening comprehension, oral expression, reading comprehension, and written expression: Related yet unique language systems in grades 1, 3, 5, and 7. *Journal of Educational Psychology, 102*(3), 635–651.

19. Hogan, T., Adlof, S.M., & Alonzo, C.N. (2014). On the importance of listening comprehension. *International Journal of Speech-Language Pathology, 16*(3), 199–207.

20. Catts, H.W., Hogan, T.P., & Adlof, S.M. (2005). Developmental changes

in reading and reading disabilities. In H.W. Catts & A.G. Kamhi (Eds.), *The Connections Between Language and Reading Disabilities* (pp. 25–40). Mahwah, NJ: Lawrence Erlbaum.

21. Biemiller, A. (2014, October 30). Oral comprehension sets the ceiling on reading comprehension. American Federation of Teachers.

22. Shanahan, T. (Chair). (n.d.). *Developing early literacy: A scientific synthesis of early literacy development and implications for intervention* (pp. 1–260, Rep.). National Early Literacy Panel.

23. Listenwise (Producer). (2018). *Listening and reading.*

24. Rogowsky, B.A., Calhoun, B.M., & Tallal, P. (2016). Does modality matter? The effects of reading, listening, and dual modality on comprehension. *SAGE Open, 6*(3).

25. Shany, M., & Biemiller, A. (1995). Assisted reading practice: Effects on performance for poor readers in grades 3 and 4. *Reading Research Quarterly, 30*, 382.

26. Wolf, M.C., Muijselaar, M.M.L., Boonstra, A.M., & de Bree, E.H. (2019). The relationship between reading and listening comprehension: Shared and modality-specific components. *Read Writ, 32*, 1747–1767.

27. Friedland, A., Gilman, M., Johnson, M., & Ambaye, A.D. (2017). Does reading-while-listening enhance students' reading fluency? Preliminary results from school experiments in rural Uganda. *Journal of Education and Practice, 8*, 82–95.

28. Stauffer, R.G. (1980). *The language-experience approach to the teaching of reading.* New York, NY: Harper & Row.

第 6 章　这样听成为外语高手

1. National Center for Education Statistics. (2020, May). *English language learners in public schools.*

2. National Education Association. (2020, July). *English language learners.*

3. Hunsaker, R. (1983). *Listening and speaking.* Englewood, CO: Morton.

4. Roussel, S., Gruson, B., & Galan, J-P. (2019). What types of training improve learners' performances in second language listening comprehension? *International Journal of Listening* 33(1), 39–52.

5. English Language Development Standards. (n.d.).

6. Colorin Colorado. (2013, November 12). Vocabulary development with ELLs.

7. Murphey, D., PhD. (2014, December). The academic achievement of English language learners: Data for the U.S. and each of the states.

8. Hakuta, K., Butler, Y.G., & Witt, D. (2000). *How long does it take English learners to attain proficiency?* (pp. 1–30, Rep.). Stanford, CA: University of California Linguistic Minority Research Institute.

9. Dickinson, D.K., & Neuman, S. (2003). *Handbook of early literacy research.* New York, NY: Guilford Press.

10. Miller, M., & Veatch, N. (2011). *Teaching Literacy in context (LinC): Choosing instructional strategies to teach reading in content areas for students grades 5–12.* New York, NY: Pearson.

11. Madani, B.S., & Kheirzadeh, S. (2018). The impact of prelistening activities on EFL learners; Listening comprehension. *International Journal of Listening.*

12. Beck, I.L., McKeown, M.G., & Kucan, L. (2013). *Bringing words to life:*

Robust vocabulary instruction, second edition. New York, NY: Guilford.

13. Zwiers, J. (2014). Facilitating whole-class discussions for content and language development. In *Building academic language: Meeting common core standards across disciplines, grades 5–12* (2nd ed., pp. 133–134). San Francisco, CA: Jossey-Bass.

14. Bedjou, A. (2006). Using radio programs in the EFL classroom. *English Teaching Forum, 44*(1), 28–31.

15. Wisconsin Center for Education Research. (2020). WIDA English language development standards framework, 2020 edition kindergarten–grade 12, pp. 19–20.

16. Wesche, M.B., & Skehan, P. (2002). Communicative, taskbased, and content-based language instruction. In R.B. Kaplan (Ed.), *The Oxford handbook of applied linguistics* (pp. 207–228). Oxford, UK: Oxford University Press.

17. Chou, M. (2013). A content-based approach to teaching and testing listening skills to grade 5 EFL learners. *International Journal of Listening, 27*(3), 172–185.

18. Haydon, T., Mancil, R., Kroeger, S., McLeskey, J., & Wan-Yu, J.L. (2011). A review of the effectiveness of guided notes for students who struggle learning academic content. *Preventing School Failure: Alternative Education for Children and Youth*, 55. 226–231.

19. Zwiers, J. (2014). Facilitating whole-class discussions for content and language development. In *Building academic language: Meeting Common Core standards across disciplines, grades 5–12* (2nd ed., p. 154). San Francisco, CA: Jossey-Bass.

第 7 章　如何评估听的能力

1. Hogan, T.P., Adlof, S.M., & Alonzo, C. (2014). On the importance of listening comprehension. *International Journal of Speech-Language Pathology*, 16(3), 199–207.

2. Statista Research Department. (2020, August 27). Smart speaker U.S. household ownership 2019. Statista.

3. Statista Research Department. (2020, September 23). Number of voice assistants in use worldwide 2019–2024. Statista.

第 8 章　通过制作播客提升听的能力

1. Battelle for Kids. Frameworks & resources.

2. Hanover Research. (2014). *Impact of student choice and personalized learning*.

3. Nie, M., Cashmore, A., & Cane, C. (2008). *The educational value of student-generated podcasts* (pp. 15–26, Rep.). Leeds, UK: The Association for Learning Technology.

4. Hargis, J., & Wilson, D. (2005). *Fishing for learning with a podcast net*.

5. Huann, T.Y., & Thong, M.K. (2006). *Audioblogging and podcasting in education*.

6. PodcastHosting.org. (2021, January 1). *2021 global podcast statistics, demographics & habits*.

7. National Public Media, and Edison Research. (2020, October). *The 2020 spoken word audio report*.

8. Spangler, T. (2020, May 19). Joe Rogan will bring his podcast exclusively to Spotify. Yahoo! Finance.

9. Nie, M., Cashmore, A., & Cane, C. (2008). *The educational value of student-generated podcasts* (pp. 15–26, Rep.). Leeds, UK: The Association for Learning Technology.

10. Stoltenkamp, J., et al. (2011). Rolling out podcasting to enhance teaching and learning: A case of the University of the Western Cape. *International Journal of Instructional Technology and Distance Learning*, 8(1): 1–21.

11. Lee, M., & Chan, A. (2007). Reducing the effects of isolation and promoting inclusivity for distance learners through podcasting Turkish online. *The Turkish Online Journal of Distance Education*.

一天，我跟我丈夫亚当·布雷迪－迈罗夫（Adam Brady-Myerov）说，我有一个想法。我很庆幸他当时认真倾听了我的讲述，否则我不可能创立 Listenwise 公司，也不会有机缘写这本书。他认真听完我的想法后并没有指指点点，也没有质疑我能否成为一名合格的教育科技行业的创业者，而是对我说："尽管放手去做吧！"我想对他一直以来的倾听说声谢谢。还有我的孩子们，他们教会了我很多，感谢他们给予我的爱、支持和耐心。

我要感谢许多帮助我完成这本书的人。感谢我姐姐莉兹·威瑟斯普恩（Liz Witherspoon）在我写作过程中的大力支持和对本书的校订。感谢我的朋友、曾经的实习生阿亚·弗罗斯特（Aja Frost），是他协助我将最初写书的想法落实到笔头。我要感谢 MetaMetrics 公司的首席产品官阿利斯泰尔·范莫尔拨冗与我共同执笔撰写关于听力评估的章节。我还要感谢 MetaMetrics 公司的希瑟·孔斯（Heather Koons）对本书听力和阅读相关内容的贡献。身为阅读专家的克丽丝廷·惠勒与我分享了她的真知灼见。

布兰迪斯大学教授蕾切尔·克雷默·特奥多罗（Rachel Kramer Theodorou）也慷慨提供了她关于英语学习者的一些研究成果。感谢 Listenwise 公司的团队带给我的许多帮助和启发。如果没有我的商业伙伴兼好友卡伦·盖奇（Karen Gage），我永远不可能完成这本书。公司课程部主任玛丽埃尔·帕隆博（Marielle Palombo）博士为本书提供了宝贵的意见，并做了大量的编辑工作。在共同发展公司的过程中，如果没有团队成员亚当·布赫宾德（Adam Buchbinder）、切尔茜·墨菲（Chelsea Murphy）、埃丽卡·彼得森（Erica Petersen）、马特·皮尼（Matt Pini）和薇姬·克虏伯（Vicki Krupp），我永远不可能如此深入地了解听这一领域。感谢许多为本书提供建议和案例的教育工作者们，特别是吉姆·本特利和斯科特·佩特里。

感谢我母亲，是她对我说我可以做任何想做的事情，并鼓励我放手去做。我也想借此机会感谢我父亲让我在他开车时为他朗读《纽约时报》。为父亲读报的经历使我走上了如今这条道路，谨以此书纪念他。

为学习者打开听的宝库

　　他正叉着腰咧着嘴卖狂呢，突然有人高喊一声："呀——呔！潘豹，休出浪言，漫夸海口，某家打擂来了！"就这一嗓子，好像半夜倥倥打个焦雷一样，把看热闹的吓趴下八个。人群慌往两旁一闪，露出一人。见此人二十来岁，身高顶丈，膀大腰圆，浑身穿青，遍体挂皂，面似黑锅底，黑中透亮，扫帚眉，大环眼，狮子鼻，方海口，此人抖身上擂台，要力劈潘豹。

　　这是评书表演艺术家刘兰芳播讲的评书《杨家将》中杨六郎出场时的一段描写。译者关于"听"这个话题的最早记忆，恐怕就是小时候守着收音机追评书的经历了。那时小伙伴们雷打不动的一件事，就是每天中午抱着收音机等着收听刘兰芳的评书，除了《杨家将》，还有《呼杨合兵》《薛仁贵征东》《薛丁山征西》等。具体的情节和文字已全然记不清了，老艺术家所讲的具体内容也不是当时的我们能完全理解的，但她铿锵起伏、洪亮豪迈的有声演绎为我们的想象插上了翅膀，让我们沉迷于她用声音打造的一个个超世绝伦、快意恩仇、啸傲湖山的世界里，带给我们无尽的欢乐。如今译者能一人分饰多角，绘声绘色、煞有介事地给儿子讲绘本，想必多半得益于这段经历。

如本书作者所言，声音是最常见且最富魅力的情感刺激媒介之一。声音可以穿越时空，让人身临其境，产生无尽联想。近期的研究也表明，如果能在视觉记录（比如拍照）的同时录下当时场景的声音，那么记忆便会更鲜活、更具冲击力。然而，短视频的风靡不但侵占了人们大量的时间，也极大地剥夺了很多人的想象空间。纯粹由声音带来的丰富想象和亲密感越来越少，这种情况如不加以改变，我们以及我们的下一代就会变成糟糕的听者，不愿也不会听。

在社交媒体上曾看到过这样一条视频，画面里的老师和声细语地对学生说："孩子们，请大家安静哟！小手放放好，眼睛看老师，我们马上开始上课啦！"可学生们完全无视她的指令，继续追逐打闹。只见这位温婉恬静的老师以川剧变脸的速度变换了表情，如非洲雄狮般厉声吼道："1——"数字"2"和"3"尚未出口，上一秒还似脱缰野马的学生们立刻像小绵羊一般迅速归位，教室里瞬间一片寂静。老师板着的面孔逐渐恢复到之前的温和，对着镜头露出了满意和胜利的微笑。且不论这种做法是否妥当，视频的火爆从侧面反映出我们听的教育的缺失。类似粗暴直接的"数数法"或许不应成为我们解决听的问题的标准或唯一方案，我们需要更多的智慧和工具。或许读者们能从本书中找到一些答案和启发。

本书作者曾在美国国家公共广播电台担任记者，是一位用声音讲故事的职业人，后来创建了教育科技公司 Listenwise，致力于借助音频故事提高学生的听和读写能力。作者小时候为父亲朗读新闻和用录音机录故事的经历，使她踏上了帮助人们（尤其是从幼儿园到高中阶段的学生）成为更好的听者这条道路。因此，由她来解析"听"这件事，再合适不过了。

本书的受众是有声产品开发人员，K-12 阶段的教育工作者，但家长、英语学习者以及普通读者也能从中获得有益启发。作者通过分析和研究认为，学习者的母语听力十分重要且亟待提升。为了解我国学习者的情况，笔者参考阅读了相关文献，并与一线教师进行交流，发现我们也面临同样的问题。本书提供的观点、方式和资源也同样适用于我国的学习者提升听的能力乃至共情能力。如果您是一位英语学习者，那么这本书将为您打开一个无与伦比的英语学习资源宝库和提升外语的思路。而书中讲到的听的原则，也能启发和帮助普通读者更好地了解听，成为更好的听者。

作为高校教师，笔者也从这本书中获得了很多启发。书中最让笔者激动的章节是关于自主创建播客的部分。作者写道，播客的"大热"是必然的。播客创作所需的技术如今已唾手可得，人的声音具备无穷的魅力，而听他人直接讲述亲身经历本身就是一件十分有趣的事。因此，鼓励学生通过制作播客，与掌握第一手资料的人士交谈，可以创造一种深刻且有意义的学习体验。让学生模仿优秀的音频脚本有助于他们提高写作水平。最重要的是，学生开始制作播客，便拥有了一个发声的渠道。制作播客可以促进真实、主动的学习。译完本书后，笔者也开始按照书中步骤，尝试让学生创建自己的英文播客，通过声音与世界分享自己的所作所为、所思所想。学生对此类活动表现出了极大的热情。同时，受本书启发，笔者也开始与 5 岁的儿子一起录制中英文播客，让儿时的美好体验再现，让天地更广阔，让人生更美好。无论您是教师还是家长，您也可以同我们一道鼓励年轻一代，通过声音留下永不磨灭、越陈越香的印记。

既然我们基础教育阶段的母语听力教学仍需提升，那么我们能否如本书作者那样，集结多方力量，开发出中文的有声资源分级系统，建立类似平台，帮助下一代成为更好的听者呢？

因水平与时间所限，本书的翻译肯定还存在不足之处。我们期待听到您关于翻译的建议以及对于听这个话题的见解，一起探讨、共同进步！

杨田田

苏州城市学院

未来，属于终身学习者

我们正在亲历前所未有的变革——互联网改变了信息传递的方式，指数级技术快速发展并颠覆商业世界，人工智能正在侵占越来越多的人类领地。

面对这些变化，我们需要问自己：未来需要什么样的人才？

答案是，成为终身学习者。终身学习意味着永不停歇地追求全面的知识结构、强大的逻辑思考能力和敏锐的感知力。这是一种能够在不断变化中随时重建、更新认知体系的能力。阅读，无疑是帮助我们提高这种能力的最佳途径。

在充满不确定性的时代，答案并不总是简单地出现在书本之中。"读万卷书"不仅要亲自阅读、广泛阅读，也需要我们深入探索好书的内部世界，让知识不再局限于书本之中。

湛庐阅读 App: 与最聪明的人共同进化

我们现在推出全新的湛庐阅读 App，它将成为您在书本之外，践行终身学习的场所。

- 不用考虑"读什么"。这里汇集了湛庐所有纸质书、电子书、有声书和各种阅读服务。
- 可以学习"怎么读"。我们提供包括课程、精读班和讲书在内的全方位阅读解决方案。
- 谁来领读？您能最先了解到作者、译者、专家等大咖的前沿洞见，他们是高质量思想的源泉。
- 与谁共读？您将加入优秀的读者和终身学习者的行列，他们对阅读和学习具有持久的热情和源源不断的动力。

在湛庐阅读 App 首页，编辑为您精选了经典书目和优质音视频内容，每天早、中、晚更新，满足您不间断的阅读需求。

【特别专题】【主题书单】【人物特写】等原创专栏，提供专业、深度的解读和选书参考，回应社会议题，是您了解湛庐近千位重要作者思想的独家渠道。

在每本图书的详情页，您将通过深度导读栏目【专家视点】【深度访谈】和【书评】读懂、读透一本好书。

通过这个不设限的学习平台，您在任何时间、任何地点都能获得有价值的思想，并通过阅读实现终身学习。我们邀您共建一个与最聪明的人共同进化的社区，使其成为先进思想交汇的聚集地，这正是我们的使命和价值所在。

CHEERS

湛庐阅读 App
使用指南

读什么
- 纸质书
- 电子书
- 有声书

怎么读
- 课程
- 精读班
- 讲书
- 测一测
- 参考文献
- 图片资料

与谁共读
- 主题书单
- 特别专题
- 人物特写
- 日更专栏
- 编辑推荐

谁来领读
- 专家视点
- 深度访谈
- 书评
- 精彩视频

HERE COMES EVERYBODY

下载湛庐阅读 App
一站获取阅读服务

图书在版编目（CIP）数据

听，被低估的学习之道 / （美）莫妮卡·布雷迪-迈罗夫（Monica Brady-Myerov）著；林文韵，杨田田译. -- 杭州：浙江教育出版社，2024.4
ISBN 978-7-5722-7708-5

Ⅰ. ①听… Ⅱ. ①莫… ②林… ③杨… Ⅲ. ①学习方法 Ⅳ. ①G442

中国国家版本馆CIP数据核字(2024)第068961号

浙江省版权局
著作权合同登记号
图字:11-2024-081号

上架指导：学习方法 / 个人成长

听，被低估的学习之道
TING, BEI DIGU DE XUEXI ZHI DAO

［美］莫妮卡·布雷迪 – 迈罗夫（Monica Brady-Myerov）　著

林文韵　杨田田　译

责任编辑：刘亦璇　李　剑

美术编辑：韩　波

责任校对：傅　越

责任印务：陈　沁

封面设计：薄荷设计

出版发行：浙江教育出版社（杭州市天目山路 40 号）

印　　刷：天津中印联印务有限公司

开　　本：710mm ×965mm 1/16

印　　张：13.25　　　　　　　　字　　数：174 千字

版　　次：2024 年 4 月第 1 版　　　印　　次：2024 年 4 月第 1 次印刷

书　　号：ISBN 978-7-5722-7708-5　　　定　　价：79.90 元

如发现印装质量问题，影响阅读，请致电 010-56676359 联系调换。